ミニマリストな
暮らし方

すばる舎編集部

日本素晴社编辑部 编著 张璐 译

一家人的极简生活

湖南文艺出版社
HUNAN LITERATURE AND ART PUBLISHING HOUSE

博集天卷
CS-BOOKY

目　录

1

5

7

第五章

张弛有度地消费

第六章

极简主义者们推荐的
清扫工具和洗涤用品

CLEANING

前　言

ミニマリストな暮らし方

总也舍不得丢掉物品，动不动就找不着东西。

东西太多了——想必这是许多朋友共同的难题。

"好不容易买回来了，丢掉岂不是太可惜了""没准儿哪天会用到呢，先留下来，用到时就不用发愁了""要是有件再大些的收纳家具，就能归置整齐了"——我们总会这样想。

然而，也有不少朋友认为，舍弃家具和物品，不仅能过上清爽舒适的生活，还能拥有更多的自由时间。

从一人独居到五口之家的生活方式，21 位人气 Instagram（照片墙）博主＆博客达人为你讲述。

打扫前，不必再劳心费力地整理；将一定数量的便服变成制服，节省了挑选衣服的时间；以前动不动就找不着的东西，现在立刻就能取用。

不再焦躁不安，也不再郁郁寡欢，时间充裕了，内心从容了。

物品消失后，才能看到"真正重要的东西"。

把物品数量维持在对自己而言最合适的程度，自在惬意地生活。为了达到这个目标，就让我们一起来看看，究竟有哪些办法，能让我们重新决定人生中种种事物的优先顺序吧。

素晴社编辑部

一　家　人　的　极　简　生　活

ミニマリストな
暮らし方

1 个人如何生活，2 个人如何生活，3 个人乃至更多人又如何生活，本章将为您介绍 7 名极简主义者的生活状态。

他们用能够满足生活需要的最少量物品，想方设法，努力追求并创造着属于自己的自在生活。家庭结构不同，大家在意的事项、努力的方向也不一样。

下面就让我们赶快来看看，被称为"极简主义者"的这些人，究竟是以怎样的视角、用怎样的方式来创造生活的吧。

MINIMALISTS

第一章

用少量物品创造
多彩生活，
看这 7 位
如何打造房间

最宝贵的财富，
不是金钱，而是时间

留一份从容，就能给"想做的事"注入能量。
合理消费，让自己度过更多幸福时光。

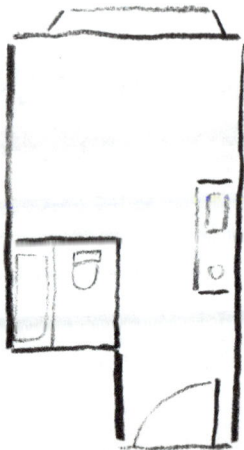

个人信息

Instagram[1]: https://www.instagram.com/minimalist_sibu/

Blog:"极简主义者小澁的博客"
https://sibu2.com/

独居 现住福冈 23 岁 minimalist 股份有限公司董事长。

住所：1 居室，4.5 张榻榻米大小[2]（不包含独立浴室的面积），房租 2 万日元/月。

简介：澁谷直人，1995 年出生于福冈县北九州市，在极其优渥的家庭环境中长大，想要什么就买什么，原"极繁主

---

1. 一个在移动端分享图片的社交应用
2. 地区不同，榻榻米与平方米间的换算方式也有所区别，按"中京间"算法，1 榻榻米约为 1.65 平方米；按"江户间"算法，1 榻榻米约为 1.55 平方米；按"京间"算法，1 榻榻米约为 1.82 平方米；按"团地间"算法，1 榻榻米约为 1.45 平方米。

义者"。著有《两手空空地生活》（Sanctuary 出版社）曾登上亚马逊畅销书榜榜首，被翻译成多种语言。在其本人担任监制的品牌"minimalist"中，负责设计面向极简主义者的产品。

"需要 / 不需要 / 该扔掉"的标准：犹豫是否需要，那就是不需要。当下就觉得没它不行，才叫需要。

这就是我家。4 张半榻榻米大小，房租每月 2 万日元。为了能悠闲度日，我花钱时比较看重三个方面——"可以节省时间""可以保持健康""可以提高工作效率"。窗帘、冰箱、微波炉、床，这些东西我一件都没有，但仍旧生活得很惬意。

MINIMALISTS 虽说收入不多，
但我仍旧想要独自生活

　　我还是一名自由职业者时，便产生了"我要从家里搬出来独自生活"的愿望。怎样才能用微薄的收入支撑自己的生活呢——不要那么多东西不就得了。冰箱、彩电之类的大件家电一概不要，这样也就没必要住在大房子里，启动基金应该用不了多少。出于这种想法，我开始精简物品。

　　直到如今，"拥有的一切物品都需要成本"这一观念仍旧扎根于我的脑海。

　　当我发现，每月 7 万日元的生活费就能过得心满意足时，我立刻从家里搬了出来，开始了期盼已久的独居生活。生活开销少了，劳动时间也能相应缩短，就有更多闲暇用来满足兴趣爱好，享受生活。

把时间和精力
放在自己想做的事情上

MINIMALISTS

生活中，我最为看重的一点，便是"悠然从容"了。

我总是觉得，若被"不得不做"的事情束缚住，那么这样的事情越多，人生也会变得越来越不自由。因此，我希望尽量将精力放在自己想做的事情上，至于不想做的事情，则能不做就不做。

悠闲自在地读读书、睡睡午觉、写写博客……

为了做自己想做的事情，能节省时间的扫地机器人、有助于健康管理的营养品和健身房会费、车站附近交通便利的狭窄出租屋，给这些东西花钱时，我从不吝惜。

MINIMALISTS
有种时尚，
叫"每天都穿同款衣服"

　　回想过去，我真是喜欢追求时尚，家里给的零花钱、自己赚的钱，有一大半都用来买衣服和时尚杂志了。

　　由于我到处搜罗衣服，买个不停，衣柜也总是满满当当的。然而有一天我突然发现，我时常穿的，翻来覆去也不过是自己中意的那几件而已。

　　因此我决定，我要玩儿转"每天都穿同款衣服的时尚"。

　　每天的衣服都是"老一套"，不仅省了穿搭的工夫，还能把省下的时间和金钱用来做其他事情。

　　对我来说，这样才更有魅力。

同样的鞋子买了 3 双，每天穿都不用担心穿坏，非常舒适，而且不用为第二天要穿哪双鞋而烦恼。换季了也不用买新鞋，节省开销。

为了烘干后能立刻把衣服晾起来，我在带有烘干功能的洗衣机正上方架了根悬挂杆，做成一个简易衣橱，把所有衣服都用 MAWA[1] 的晾衣架挂在这里，清爽利落。4 件白 T 恤，3 条黑裤子，4 件外套，一年四季的衣服共计 11 件。还有 16 件内衣。

我平时用的背包是 côte&ciel[2] 的 ISAR 系列。这是苹果公司公认的品牌，史蒂夫·乔布斯本人也喜欢用该品牌的产品，因此颇有名气。我之所以决心买下它，一是因为它设计简约，没有多余装饰；二是因为它的版型不过于休闲。此外，用来放电脑的地方还使用了很厚的防冲击缓冲材料。

1. 创立于 1948 年的德国品牌，主营金属衣架及木质衣架。
2. 法国背包设计品牌，法文直译为"海岸与天空"。

一天一餐，只吃晚饭

　　我不吃早饭，起床后只会立即冲一杯膳食纤维粉——菊粉来喝。午饭也一样，喝点蔬菜汁、蛋白粉之类的低热量饮料就算用餐完毕了。我若午饭吃得太饱就会犯困，因此，便把一日一餐里这唯一一餐留到了晚上来吃。

　　晚饭也净吃些做着简单、吃完还不用洗太多碗的菜品，比如"糙米盖饭""无须加工直接食用的水果和生鱼片"之类的，不必劳心费力地烹调。真正好吃的米饭，没有配菜也一样可口。

我的食谱常以蔬菜和鱼为主，照片上是糙米饭和纳豆，盘子里是水煮青花鱼罐头搭配切好的生菜叶。因为烹调简单，我经常使用"罐头""净菜""冷冻蔬菜"一类的食材。

厨房家电只有两样——电磁炉和电饭锅。电磁炉用的是 dretec[1] 的小型电磁炉，电饭锅用的是 KOIZUMI[2] 的单人电饭锅。剩余的厨房用品也只有单柄锅、水果刀、案板、勺子和笊篱。拥有能满足生活需要的最少量物品就够了。

我没有冰箱，所以常会储备一些可以常温保存的罐头和营养品。新鲜的鱼和蔬菜等物都是去家附近的超市买，买回来后当天就全部吃光。牢记"只在必要时刻，准备必要的量"。

---

1. 日本电器品牌，中文常用译名为"多利科"，旗下产品覆盖生活电器、健康电器、厨房电器等。
2. 日本电器品牌，中文常用译名为"小泉成器"，涉足厨房家电、健康器具、理发美容器具等多个产品领域。

"无窗帘生活"的魅力

我没有窗帘，也没有桌椅，飘窗就是我的桌子，吃饭、办公，都在这里。

有些朋友也许会担心隐私问题，磨砂玻璃可以消除被"偷窥"的担心。光线让我觉得精神抖擞，我已经疯狂爱上了这种爽快的感觉。

东西少，扫地机器人才能大放异彩

帮我清扫地板的扫地机器人 Braava[1]，机身小巧，节省空间，没电了给电池充电即可，省去了电线缠得乱七八糟的烦恼，工作时噪音很小，晚上在出租公寓里打扫也没有问题，非常好用。极简主义者本就不必提前整理房间来给扫地机器人清除障碍，二者简直是绝配。

用折叠床垫取代床

我尝试过不少产品，才最终寻得了 IRIS OHYAMA 的 Airy 床垫[2]。床垫很轻，无论搬运还是折叠，都很轻松。

没有床以后，我养成了"除就寝时间，都把寝具叠起来"的习惯，这样，不但能让自己不再赖在床上磨蹭，还能让房间看起来十分宽敞。

---

1. 美国 iRobot 公司出品的扫地机器人，Braava 是其中的一个产品系列。
2. IRIS OHYAMA 为日本一家主营生活用品的公司，Airy 是其旗下的一个产品系列。

内藏投影仪的吸顶灯——popIn Aladdin[1]

不看电视的日子，我已经过了好几年。不过有时，还是想享受一下大屏幕观影的乐趣，看看YouTube[2]，或者欣赏一下能在线观看的电影。于是，我购入了可以装在天花板上、没有烦琐配线的投影仪。这款投影仪也有照明功能，安在家用吸顶灯吸盘上，不费什么工夫就能装好。它不像电视那么占地方，非常适合爱好影像的极简主义者。

玄关智能锁——Qrio Smart Lock[3]

我想尝试一下"无钥匙化生活"，便购入了这款安装在玄关的新式家电。只需随身携带手机即可，省去了掏出钥匙开锁的麻烦。

另外，这款锁还有"自动上锁"功能，能够防止你忘记锁门。

我自己开发的 MINIMALS "隐身钱包"

为了实现"只拿一部手机就能出门"的生活，我开发了能够贴在手机背面、"与手机融为一体"的钱包。里面可以装 3 张卡，几张纸币，1 把钥匙，绝算不上大容量，不过对东西本就不多的极简主义者来说，这款钱包可谓独一无二。

钱包容量有限，这就需要我们更多地使用无现金支付，养成"只带够彼时彼地所必需的现金"的习惯。

1. 智能投影吸顶灯，由智能投影机制造商极米 XGIMI 和百度的日本子公司 popIn 共同推出。
2. 一个视频分享网站，中文常用译名为"油管"。
3. 由 SONY 公司推出的一款智能门锁。

我希望可以不被各种
事务追赶，
从容度过每一天

少做"不得不做的事"，不做"觉得应该非做不可的事"

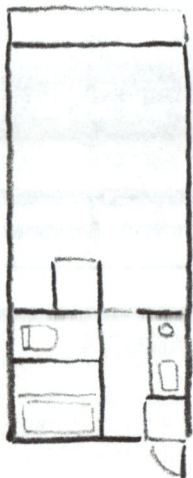

个人信息

Instagram: https://www.instagram.com/minimamist_58/

独居，现住东京，20 余岁，从事服务行业。

住所：1 居室带厨房，5.2 张榻榻米大小
（15.8 平方米）[1]，出租屋。

"需要"的标准：当下是否必需，能否丰富现在的生活，能否让自己精神愉悦，更有干劲。

"不需要"的标准：款式并没有让自己心动，容易找到替代品，保养起来很麻烦。

"该扔掉"的标准：基本不会再让自己感到心动。感觉近期应该用不到。

---

1. 前面的 5.2 张榻榻米一般仅指房间面积，15.8 平方米指的是房间、厨房等空间的总面积。

卷叶榕，卷卷的叶子是这种植物的特征。耐干燥，好养活。

少物生活，让压力也变小

MINIMALISTS

1 居室带厨房，5.2 张榻榻米大小——1 年前我来到东京，搬进了这所房子。

此前我在爱知县住的房子比这里要大一倍还多，不过那时，我已经开始了"少物生活"，现在房子虽然变小了，倒也没觉得有什么不便。

8 年前，我在杂志上看到"断舍离特集"后深受震撼，开始关注"少物生活"。我发现，房间之所以总也整理不好，原因就在于东西太多。

虽说花费了不少时间，但我终于分清了哪些才是自己真正喜欢和需要的物品。身边都是自己的"心头好物"，生活起来真是一身轻松。

房间是否宽敞，并非取决于房屋面积，而是取决于地板面积

我认为，房间看起来是否宽敞，与其说取决于房屋实际有多大，倒不如说取决于地板露出来多少。因此，我尽量不在地板上摆放家具。

我非常喜欢复古的物件，细长的桌台就是在二手家具店淘到的，貌似以前是熨衣桌来着。它可以折叠，既能当架子，也能当桌子，一物多用。

复古家具搭配观叶植物卷叶榕，与我之前的住处几乎并无二致，让我感到很安心。

有了绿植，能让原本简单朴素的房间富有生气。

珍惜属于自己的 "悠闲时光"

MINIMALISTS

在整洁的客厅里喝着最爱的咖啡，悠闲自在，是我最幸福的时光。

只有在睡觉前，我才会把床垫铺好，平时则要么立起来放在房间的角落，要么折成三折后闲坐在上面，当沙发用。

我的被子是 NITORI[1] 的"轻巧松软羽绒被"，又轻巧又暖和，非常舒服。

我很喜欢间接照明，也拥有几件用于间接照明的器具，享受着它们带给我的乐趣。近来，Sonnenglas[2] 深得我心。

太阳能充电和无线型设计是我钟爱它的两大原因。它还能挂起来，这也为房间装饰提供了更多可能。

---

1. 宜得利家居，日本的家具连锁品牌。
2. Sonnenglas 公司出品的一款太阳能玻璃罐灯，原料的 70% 使用的都是南非的回收再利用资源。

最近买了台电视机。使用"WALL TV STAND"[1]系列的电视机支架，可以把电视挂在墙上，清爽利落。

借着把床给"断舍离"掉的机会，我添置了靠垫。有了靠垫后，房间顿时错落有致了起来。正因为过着"少物生活"，对每件物品才要更讲究。

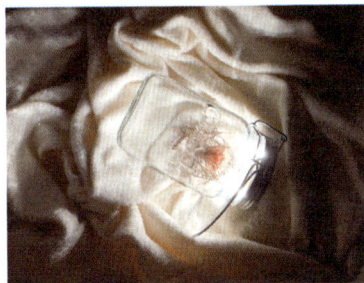

我一直很想买的 sonnenglas。玻璃罐里可以放入自己喜欢的东西，现在放的是干花，不过，放些首饰或者外国硬币之类的应该也不错。这是一款在南非制造的公平贸易产品[2]。

1. 日本 NAKAMURA 公司出品的电视机支架系列。
2. 公平贸易产品主要指那些在发展中国家生产的农产品或手工艺品。

放手去拥有能够 "一物多用"的物品

MINIMALISTS

为了实现"少物生活",我尽量选择可以"一物多用"的物品。大大的篮筐也是二手的,里面装的是化妆用具。我把洗完澡后一定用得到的吹风机等物品,连同早上化妆时所必需的一整套化妆用具,集中放置在了这里。为了不让篮筐里变得乱七八糟的,我把这些物品按种类装进了不同的收纳盒,整理妥当。

篮筐盖子很坚固,所以我也把它当成茶几来用。有客人到访时,它便成了备用桌。

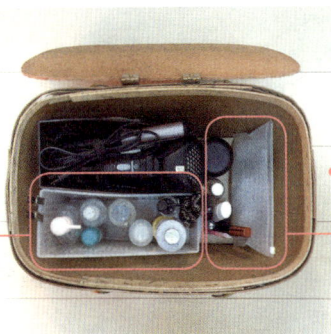

篮筐内部。篮筐的容量相当大，连卷发棒和吹风机都装得下。看着收纳容器被物品整整齐齐严丝合缝地填满，心情也十分愉悦。

将化妆用具从篮筐中拿出来放在盖子上，边喝咖啡边化妆，是我每天清晨的"必修课"。

将护肤用品、护发用品、身体乳、护手霜一类的物品集中收纳。竖着摆放，时间紧迫时，也能迅速取用。

我在 Can Do[1] 发现了一款盒子，用来装化妆品，高度和宽度都刚刚好。立式收纳"竖着放更纤细"的特点，很合我的心意。

1. 日本连锁型百元店。

时尚单品，共计 65 件

我将衣柜里的物品清点了一下。

一年四季的衣服共计 16 件（4 件上衣，2
条裤子，1 条短裙，3 条连衣裙，6 件外套）。
配饰共计 22 件。内衣、袜子、各种内搭
共计 27 件。总计 65 件。

当季穿不到的衣物，我都收纳在行李箱里。

挑战"让便服制服化"

3 件优衣库的纯色 T 恤，1 条紧身牛
仔裤和 1 条无印良品的牛仔短裙，2
条花披肩，把它们排列组合一下，就
成了我每天的制服。

我很喜欢小配饰，所以会换件披肩，
换个包包，或者改变一下妆发，以此
来转换心情。

购入 MAWA 的衣架

我终于拥有了心心念念了许久的 MAWA
衣架。果然，那些觉得"好想要啊"的东西，
总有一天还是会买的。把衣服挂在上面，
简直牢靠得可怕，绝不会滑落。

真正的好东西，用过才知道。

翻来覆去地穿，终于穿坏了的衣服，就满怀感激地"断舍离"掉

这是我成为极简主义者的3年来最喜欢的一件连衣裙，一直翻来覆去地穿。另一件则是我今年添置的唯一一件连衣裙，价格便宜，可以"季抛"。

这两件衣服有些掉色，被太阳晒得也有些褪色，再加上有比较明显的开线，我便把它们丢掉了。

当衣服与年龄不再相称，或是不再合身，那就和它说再见吧。

没有洗衣机

没有洗衣机的日子，我已经过了1年多了，目前倒也没觉得有什么不便。

衣服基本靠手洗，大件一些的，比如床单之类的，就在周末拿到投币式洗衣房去洗。

设立"不购物月"

为了重新评估最低生活成本，有时，我会设立NSM（No Shopping Month）——"不购物月"。

不过，在此期间，若是"弹尽粮绝"了，我也会考虑备选方案。

我会用记账App——Zaim来进行财务管理。因为是"无现金派"，所以不会随身携带存折和钱包。我把无印良品的护照包用作了钱包，将简易账本、存折和银行卡一类的物品全都归拢进这里。

おふみ（@ofumi_3）2 个人，1 室 1 厅带厨房

物质上，精神上，
都"一身轻"地生活

精简物品后，打扫和做家务的负担减轻了，
房租和其他生活开支缩减了，夫妻间的争吵少多了。

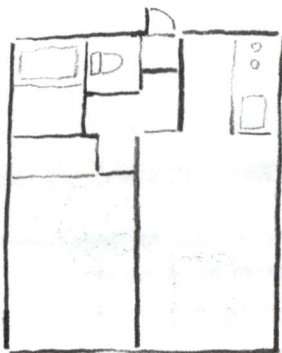

个人信息

Instagram：https://www.
instagram.com/ofumi_3/
Blog："极简主义者的朗朗晴天"
http://www.minimalistbiyori.com/
2 人生活（夫妻均为极简主义者），
现居日本，30 余岁，自由职业者。
住所： 1 室 1 厅带厨房，32 平方米，
出租屋。

"需要"的标准： 衣服首选"一线队员"，也就是"明天想要穿"的那些。
除此之外，就是一些看到它和用到它时都不觉得有压力的物品了（用着顺
手，看着顺眼）。

"不需要"的标准： 大家都觉得有用，自己却觉得没用的物品。

"该扔掉"的标准： 觉得"应该还能穿吧"的衣服；可有可无的物品；一
看到就会烦恼"要不要继续留着"的物品。

第二次搬家，是从 44 平方米的房子搬到 32 平方米的房子里。这次搬家，只用一辆丰田的 HIACE 跑了一个来回就搞定了。为了适应变小了的房屋面积和收纳空间，自然要精简物品。

打扫前的整理工作
才是最痛苦的

MINIMALISTS

曾经有一段时间，我在工作中麻烦不断。恰巧看到一篇报道说"家中如果打扫不干净，运势也会走低"，就抱着试试看的心态，开始每天打扫卫生间，果然躲开了麻烦。此后我便也开始打扫家中的其他地方。

那时，我不擅长舍弃物品，什么东西都留着。所以进入打扫这一步骤之前，不得不先进行一番整理，这个过程真是无比痛苦。

我认识到，"精简物品"才是先决条件，于是开始"断舍离"。

在网上输入"少物生活"后，经过一番检索，我找到了极简主义者的博客，立即如获至宝般仔细阅读起来，越读越觉得干劲十足。

每次搬家，房屋都更"小巧"一些

家里还充斥着囤积的物品时，我虽然也很想减负，却不知道究竟该丢掉些什么。偶然读到极简主义者的博客后，学到了丢掉哪些东西才能像他们一样"少物"，干劲满满地环顾房间也成了我每天的"必修课"。多亏那些博客，才有了如今的我，我才得以把"1 日 1 断舍离"坚持下来。

在那之后的 3 年半里，我经历了两次搬家。每搬一次家，房屋面积就会变小一些（78 平方米→44 平方米→32 平方米）。

住小房子可以节省房租。若能缩减每月的必需开支，就算不拼命工作赚钱，日子也过得下去。

3 年半以来，
我精简掉的东西

迄今为止，我最不后悔扔掉的一件物品，就是双人床了。现在，我们会在 IRIS OHYAMA 的三折式床垫上铺好睡袋后再就寝。

除此之外，我不仅处理了用于收纳的家具，连同里面的东西也一起"断舍离"掉了。沙发和茶几也果断放手，换成了折叠桌，既当餐桌，也当工作台。

我还把大电视也舍弃掉，换了台小一些的。电饭锅也处理掉，改用砂锅做饭了。

现在，家里剩下的都是免遭"断舍离"命运的东西，也就是我认为必要的东西。每一件物品，都有能留下的理由。

这款椅子的靠背是软的，而且还带扶手，久坐也不会感到疲惫。椅面宽敞，坐上去很牢靠，休闲、工作都能使用。

我把书都收纳在了无印良品的带盖纸箱中，并规定好丈夫的书最多只能有 3 箱，我最多只能有 2 箱。

snow peak[1] 的睡袋，蓬松柔软，睡上去舒服极了！可以洗涤，在里面加床毛毯，隆冬时节也很暖和。由于是袋状的，冷风也不会钻进来。

白天，我们会把床垫叠好后竖起来，睡袋则不叠，而是直接晾起来。

1. 雪峰，日本户外用品品牌。

让便服制服化，
清晨不再为穿搭而烦恼

MINIMALISTS

为了每天早晨不用再为"今天穿什么"而伤脑筋，我会在每个季度准备 3 套左右的穿搭，每天按顺序换着穿，就像制服一般。这就是我正在坚持的"让便服制服化"，到今年已经第 4 年了。

以前，我在二手店和跳蚤市场买了不少便宜衣服，光是秋冬两季的衣服，就有三四十件。当时，我连想都不曾想过，自己居然会过上"1 个季度的衣服用 10 根手指就数得过来"的生活。现在却觉得，10 件以内足够了。

让便服制服化以后，我不再觉得自己的衣服不够穿，也不再如饥似渴地想要一直添置衣服了。

我每年都会准备一件灰色针织衫。我希望针织衫的款式能符合当年的气质与风格，因此一两年会更新换代一次。每添置一件新的就丢掉一件旧的。

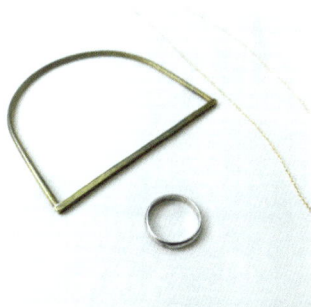

让便服制服化
——今年的衣服选好了。

红色针织衫 H&M[1]

灰色针织衫 H&M　　　　　驼色开衫 H&M

白色无扣衬衫　　　　　条纹 T 恤

秋冬装
外套里面的
内搭共计
9 件

丹宁裤 RHC[5]　　深蓝色阔腿裤　　深蓝色长裤 HYKE[2]
　　　　　　　green label relaxing[4]

灰色格子裤 ZARA[3]

今年秋冬季，我共准备了5件上衣和4条裤子，一共9件。基本款和潮流款各占一半，精挑细选，只保留"明天想要穿"的衣服。基本款有灰色针织衫、白衬衫、条纹 T 恤、丹宁裤。

1. H&M，瑞典时装品牌。
2. 日本时装品牌。
3. ZARA，西班牙服装品牌，也是专营 ZARA 品牌服装的连锁零售品牌。
4. 日本 UNITED ARROWS 株式会社旗下时装品牌之一。
5. RHC Ron Herman，日本 SAZABY LEAGUE 株式会社旗下品牌。主营服装，经营范围也包括首饰、生活百货、化妆品等方面。

现有的首饰。首饰也一样，项链、手镯和戒指，各有一款就足够了。

超轻折叠伞

Wpc.[1] 的 SUPER AIR-LIGHT。外形娇小，极其轻巧，
可以随时随地携带。有了它以后，我再也没有忘记过带伞。
到便利店买伞这样的事情，也好多年没有发生过了。

吸水的折叠伞套来自 SOLO-TOURIST[2]。内侧是蓬松
柔软的吸水面料，把湿漉漉的雨伞直接放进去也没问题。

繁忙时可助一臂之力的"半成品菜"

说起自己做饭，最烦人的就是琢磨该做些什么菜式了。
最忙的时候，完全仰仗"半成品菜"，也不失为一种办法。
有时我会选择 oisix[3] 的半成品膳食包，像胡萝卜丝之类
切起来既费时又费力的食材，膳食包里都是现成的，这
一点让我非常开心。

虽说比完全自己动手成本要高一些，但与在外面用餐相
比，还是这样更划算。

夫妻间的争吵变少了

家里东西满满当当的时候，夫妻之
间常因分担家务的事情而频繁争吵。
东西变少之后，家务做起来轻松了，
不必对方分担，我自己就可以搞定。
多亏精简了物品，我们不再为分担
家务而争执，吵架拌嘴少多了。

1. 品牌全称为 WORLD PARTY Possibility Creation，创立于日本的洋伞加工品牌。现在
经营范围涉及雨伞、遮阳伞、雨衣、雨鞋、雨具等领域。
2. VALUE 物产株式会社旗下品牌，主营旅行用品。
3. 日本著名生鲜电商。

用盛放小物件的圆形储物柜代替餐具柜

我以前住的房子自带一个很大的餐具柜，搬进这里后，没有了这种配置。

难道少了餐具柜日子就过不下去了不成？我想了想，最终决定用原来盛放小物件的圆形储物柜取代餐具柜。

以前，我每到一个地方都会买餐具。现在也精简了数量，只留下了每天都在用的。

名家工艺品类的餐具我会问问朋友有没有什么想要的，转送出去。

冰箱的尺寸也从"家庭用"缩小到了"一人用"。

看书时坐的折叠式安乐椅

泡温泉的间隙，坐在休息区的躺椅上看书，简直是至高无上的幸福时光。我想在家里也体会到这种感觉，便买了这把安乐椅。

高高的靠背，连头部都包裹得严严实实。坐在上面，可以悠然自得地读读书，也可以小睡片刻。

把"也许用得到"
"有了它或许更方便"的
物品"断舍离"掉

重新审视那些不知不觉就留下来的东西，看看它们对夫妻二人的生活来说，是否真的不可或缺。

意见不一时，谈谈理由，向着双方都能接受的方向努力。

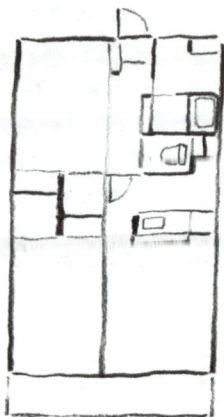

个人信息

Instagram： https://www.instagram.com/84kichi/

2 人生活，现居福冈，30 余岁，夫妻共同经营店铺。

住所： 2 室 1 厅带厨房，59 平方米，出租屋。

"需要"的标准： 最重要的标准是在夫妻二人的生活中是否不可或缺。除此之外还有：体积是否小巧、能否让每天的生活变得惬意、能否让每天的家务做着轻松。

"不需要"的标准： 不符合"需要"标准的物品。

"该扔掉"的标准：现在是否仍在使用，能否用现有的其他物品来代替，扔掉它，能否让空间更宽敞、心情更自在。

（※ 现已搬家，另居别处）

外出前把房间整理妥当，清扫完毕后再出门。回到家时，房间整洁清爽，心情舒适安逸。我发觉，举手之劳就能让每一天都快活惬意。

只留下让生活
惬意起来的物品

我开始有想要精简物品的想法，是因为读到了一本名叫《法国人只需十件衣》（Jennifer L. Scott 著，神崎朗子译，大和书房）的书。我先是把自己的衣服都重新筛选了一遍，只留下喜欢的，至于那些已经不穿了的，则果断放手。

后来，读过《我决定简单地生活》（佐佐木典士著，WANI BOOKS）之后，我更是一鼓作气地加快了精简物品的速度，开始认真面对物品，判断它们是否真的不可或缺、是否真的能让生活变得惬意。

既然是两个人一起生活，无论淘汰物品还是添置物品，我都不会一意孤行，而是和妻子商量之后再做决定。

处理掉电视机后，夫妻间的对话多了起来

MINIMALISTS

我家的客厅里没有电视机。我们把电视机处理掉，换成了投影仪。

结果，以前用来看电视的时间现在都用到了别处，读书的时间比过去长了，夫妻间的对话也比过去多了。

说起我们处理掉的物品，倒是还有一件，那就是曾经摆在沙发前的咖啡桌。原本有两张桌子，只剩下餐桌之后，空间开阔了不少，通透舒畅。

想必大家经常会觉得某件物品"也许用得到""有了它也许更方便"，如果把这些"也许"都尽可能地精简掉，不管是房间，还是心情，都会清爽起来的。

比"空无一物"更重要的是"自在舒服"

开始和物品"面对面"之后，我着实"断舍离"了不少东西。从衣服、电视，到曾经用于收纳的置物架和整理箱，再到大块的地毯，以及用于室内装饰的小物件，等等。

舍弃的标准中排在第一位的就是"是否对夫妻二人的生活来说真的不可或缺"。若是觉得就算没有它，每天仍旧能生活得很惬意，那就果断放手。

不过，我秉持的虽是极简主义思维，但要说是否真要让房间空无一物，生活才能自在舒服，倒也并非如此。

我认为，空间也好，生活也罢，自己觉得"自在舒服"，才是最重要的。

处理掉电视机后，顺便把电视柜也处理掉，换成了小型的推车式收纳架。带滑轮，移动便捷，方便打扫。

我家的床、枕头、床单都是无印良品的，我们有时会把床垫立起来，散散湿气。

比起密密匝匝地摆放物品，我更喜欢给它们彼此之间留点空隙。这样做有"留白"的效果，可以让空间看起来更加宽裕。留出一点"余地"，心情也会变得平静安逸。

咖啡爱好者夫妇的
"二人世界"

MINIMALISTS

我们夫妻俩在同一个地方工作，工作中和私下里都经常待在一起。对于二人在家里共度的时光以及休息日，我们会格外珍惜。

我们彼此都喜爱美食，爱好咖啡，因此，休息日里会徜徉于一间间的咖啡专营店，到了晚上，就找家咖啡馆坐坐，消磨时光。

生活开支中，花在两人一同外出上的钱怕是最多的了。啜饮着咖啡，一起聊聊天，这样的时光真是美好。

待在家里时，我们也会把时间花在打扫房间以及重新审视家里现有的物品上面。

花了心思的东西，就是会吃着好吃、看着舒心、穿着开心。我家在咖啡上
是花了一点心思的。虽说并非天天如此，有时也会等刚磨好的咖啡豆慢慢
滴滤出一杯咖啡，好好享用。

亲手做的烤苹果。苹果是空心的，里面
放着奶酪、白砂糖、鸡蛋和黄油。在"自
家咖啡屋"里的悠闲时光，我视若珍宝。

每天早上的固定菜单——滴滤咖啡和砂
糖黄油烤面包。

定期对衣橱中的物品进行再评估

我们会定期对衣橱中的物品反复进行重新评估。每次评估,都会发现"果然没用到"的东西,真是不可思议。

变换一下照明方式,生活也会发生改变

我改变了房间的照明方式。夜里的灯光比之前幽静了,心情也舒缓了起来。

偶尔换个电灯,也是让生活惬意起来的一种方式。

享受用插花和植物
装饰房间的乐趣

我现在觉得，房间里如果摆些花，心
情也会变好。于是我们买了些鲜花回
来，挑战自己动手插花。

接下来，我还想挑战一下种植盆栽。

给餐具柜留白

这是出租屋自带的餐具柜，所有
的餐具和咖啡器具都在这里了。
餐具数量本就不多，为了方便取
用，我在收纳时给它们彼此之间
留出了一定间隔。

むすび（@0omusubi2）3 个人，2 室 1 厅带厨房

我的理想，
是地面干干净净，
房间清清爽爽

我和快满 1 岁的女儿待在家里的时间很长，因此，我追求的是：
不在地面上摆放物品，布置房间时讲究安全第一。

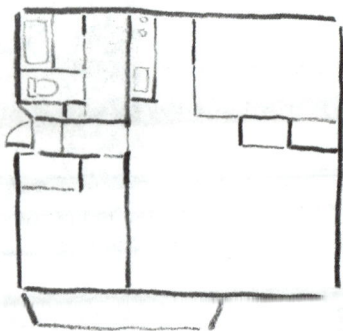

个人信息

Instagram: https://www.instagram.com/0omusubi2/

三口之家（丈夫、妻子、1 岁的孩子），30 余岁，主妇。

住所： 2 室 1 厅带厨房，63 平方米，48 年房龄的老出租屋。

"需要 / 不需要 / 该扔掉"的标准： 首先考虑收纳空间是否放得下，放不
下则不买。有替代品的物品也不买。我极不擅长舍弃，因此想要放手时会
转送给朋友，或者在二手交易 App 上转让。

我超级喜欢的"让人欲罢不能的靠垫"。没有沙发，靠它也能充分放松。打扫时就用挂钩挂起来，非常方便。

MINIMALISTS

每月舍弃一件物品的
"慢断舍离"

　　曾经有一次,我拜访了一处被众多物品所埋没的住所。我心想:"有朝一日,我家会不会也变成这样啊……"感受到了危机,这也成为我开始"断舍离"的契机。从那以后,我开始审视物品,一点一滴地精简物品。

　　购买物品前,我首先考虑的是家里是否还有足够的收纳空间,如果没有,就算是替代品,我也绝不会买。

　　极简主义者当中,有些人会每天舍弃一件物品,可这对我来说很难做到,于是我便选择了每月舍弃一件物品的"慢断舍离"。

　　我设置了一个"断舍离地带",用来暂时存放无法马上丢掉的物品,一点一点,慢慢放手。

想办法让小孩子 也能安全生活

MINIMALISTS

我和女儿总是待在家里。为了打造一个轻松舒适的空间，我没有在地板上放置任何物品。布置房间时，致力于保证安全。

把物品全部放进收纳空间里，尽可能不摆在明面上。这样一来，看上去也清爽利落。下午 3 点之后，家务基本上就告一段落了，我便会和女儿一起去公园，或是在院子里玩儿土，又或者一直窝在家里闲待着。这段和女儿亲密无间的嬉闹时光，幸福得无与伦比。

虽说是出租屋，可待在家里的时光，仍旧最让我感到安心。

实际上，我之所以开始写 Instagram，也是因为回乡探亲期间，想家想得无法自拔。我爱我家，就是爱到如此地步。

我不想把钱花在
准备丢弃的物品身上

我会定期对物品进行分类和整理。以前，我着实拥有不少包包，经过一番"断舍离"之后，如今只剩下 6 个。

我把物品按"正在用的"和"没在用的"仔细分成了两类，想慢慢把它们整理妥当。这项工作目前仍在进行中。

我属于那种不想在准备放手的物品身上花钱的人，到目前为止，床、沙发、洗衣机、冰箱之类的，我都没有把它们作为"粗大垃圾"处理掉[1]，而是转让给了别人。

这样做时，我经常使用"jmty"网站[2]。把价格设置成 0 元，就会有人来接手你的物品，不过地区不同，情况也有所差别。推荐大家也用用试试。

---

1. 在日本，处理"粗大垃圾"需缴纳一定的垃圾处理费。
2. Jmty.jp 日本分类广告网站，按地区为日本当地的小型商户提供本地分类广告和论坛，包括求职和二手物品交易板块。

我把孩子的玩具分成了"一线队员"和"二线队员"，"一线队员"放在客厅里电视机周围，"二线队员"则收纳在卧室里。我还会定期调整"一线队员"和"二线队员"的阵容。除去生日和圣诞节，不给孩子买玩具，而是用牛奶盒和点心盒来自己动手制作。

客厅旁西式房间的博古架上，收纳的是女儿的衣服和我的包包。三四年前，这里充斥着我的衣服和包包，满满当当的。

MINIMALISTS 丢掉 3 条毛毯，
换成了羽绒被

我把床换成了 Airy 的单人床垫。睡觉时，把床垫铺在榻榻米上，再在上边铺上褥垫。

丈夫、女儿还有我，3 人用着 2 张床垫。为了防止睡在中间的女儿掉落到两张床垫间的缝隙中去，我们铺上了防滑垫，避免床垫错位。

除了夏天，我们都盖羽绒被。我打算给被子套上触感舒适的纱质被罩，选购时一心挑选纯白色的款式。

不用的时候，我会把被子挂起来收纳。用螺丝和挂钩，挂在墙上原本用于挂壁画的轨道上。

晴朗的天气里晒一晒，被子蓬松又柔软。羽绒被让我成功"断舍离"掉了 3 条毛毯。

不用时，我会把床垫收进日式房间的壁橱里。将物品全部统一成白色，壁橱内部看起来也整洁有序。我不想为看不见的收纳空间花太多钱，壁橱里的整理箱都是在百元店买的，节省开销。

天气好的时候，我会打开窗户，在房间里把床垫竖起来摆成 N 字形，晒一晒。摆成 N 字形的床垫仿佛迷宫一般，女儿最近对"穿越迷宫，床垫不倒"这个游戏很是着迷。

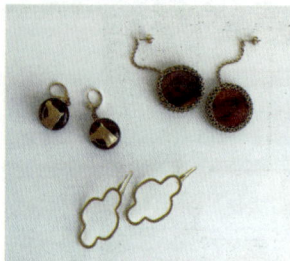

珠宝首饰在二手店购买

我非常喜欢珠宝首饰，甚至还做过珠宝首饰
顾问。

哪怕只佩戴过一次，首饰便也成了二手的。

购买全新首饰，价格高昂，因此我干脆从一
开始就选择购买二手的。

左上方照片中黄金、铂金一类的贵金属，在
二手店能做翻新处理。

左下方照片中的首饰是镀金的。

圆锅、平底锅，加起来总共6个

我的厨具或许有点多，不过件件都用得到，对我来说，这个
数量恰到好处。

平底锅一共3只，都是在 NITORI 买的。我会以1年1次
的频率更新换代。

我没有电饭锅，煮饭用的是 Le Creuset[1] 的锅。白色珐琅
的单柄锅，是我用来做味噌汤的。T-fal[2] 的压力锅则用来做
土豆炖牛肉和关东煮，或是炖肉汤。

1. 法国厨具品牌，以生产色彩丰
富的铸铁珐琅锅具而闻名。中文
常用译名为"酷彩"。
2. 法国厨具品牌，以生产平底不
粘锅闻名，在压力锅等其他厨具
领域也有出色的表现。中文常用
译名为"特福"。

没有沥水篮

出租屋里的厨房并不大，我便"断舍离"掉沥水篮，换成了 Georg Jensen[1] 的茶巾。厨房宽敞了起来，非常利落。餐具洗好后，我会马上擦干。

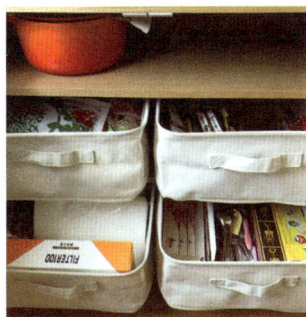

厨房中的橱柜也是二手的

摆在厨房里的无印良品橱柜，也是我买来的二手家具。

上方的抽屉里放的是粉面类制品和撒料。

下方对开门的柜子中，最上层放的是锅，下面则是干菜、速食品、一次性筷子之类的东西，我给它们分好类，装进抽屉里收纳。分门别类，方便取用。至于储备性的食材，我则不常购买。

1. 创立于 1904 年的丹麦设计品牌，设计产品涵盖了器皿、腕表、珠宝及居家生活产品等领域。

放下对过去的执着
和对未来的不安，
就能放开物品

花大价钱买回来的大件收纳家具；

想着"说不定哪天用得到呢""找时间卖掉吧"，

从而搁置起来的物品。

我明白，以上两样东西，我家一样都不需要。

只要"断舍离"一下，就能让房间清爽，心情轻松。

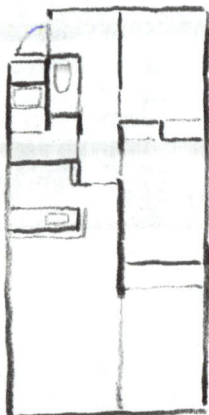

个人信息

Instagram： https://www.instagram.com/yk.apari/

四口之家（丈夫、妻子 40 余岁，长子 20 岁，次了 14 岁），现居幅冈，兼职（一周 4 次）。

住所： 3 室 1 厅带厨房，78 平方米，房龄 24 年的公寓。

"需要 / 不需要 / 该扔掉"的标准： 除去自己和家人真正需要的物品（一定会用的物品）一律不持有、不购买，并贯彻到底。

摆放在客厅兼餐厅中的家具，只有电视柜、沙发床、茶几，以及一套餐桌椅。用吸尘器打扫时，就将椅子倒过来架在餐桌上，露出地面，方便打扫。

如果你感到闷闷不乐，那便是应该"断舍离"的信号

曾经有段时间，我为工作、家务和育儿忙得团团转，压力使得我身心俱疲，尤其是工作中出了纰漏，更让我备受打击。这便是我开始"断舍离"的契机。

我不想在工作和育儿中分心，便给这三项事务分了个轻重缓急，决定先从家务入手进行"断舍离"，把用不着的物品通通处理掉了。

结果，不仅房间变得清爽了，就连心情也轻松了起来。越是精简不必要的物品，整理起来就越轻松。自从开始极简生活（少物生活）后，我简直是"零压力"。

感到闷闷不乐便是应该进行"断舍离"的信号！每当这时，我都会重新环顾自己的家，将用不着的物品清理一番。

家人的物品，在征求本人意见后再处理

除去对自己和家人来说必不可少、非用不可的物品坚决不持有、不购买，是我一贯坚持的原则。

以前觉得，不买就会后悔，遇到犹豫是否要买的物品时，最后一定会买下来。

然而，坚持实践"断舍离"之后，我学到了这样的道理——真正需要和喜爱的物品，购买时是不会犹豫不决的。购买时有所犹豫的物品，就该全部扔掉。

我们一家全是极简主义者，因此在有关淘汰家中物品的事情上，基本不会产生分歧。不过，涉及私人物品时，我一定会先征求本人意见后再处理，不会擅自扔掉。毕竟全家人生活得幸福安稳、开心健康，才是最重要的。

我们不想虚度人生本就有限的时光，而是好好珍惜，过好每一天。

凌乱不堪的原因，
是一次又一次的"拖延"

MINIMALISTS

最近，家里人几乎没有不在家的时候，于是，独处的时间对我来说便弥足珍贵起来。

收拾得井然有序的客厅里空无一人，喝着自己喜欢的咖啡，怡然自得，这样的时光，幸福无比。房间收拾整齐了，心情也愉悦。

然而，怎么可能会有永不杂乱的房间。"过会儿再收拾吧"，"这件东西一会儿还要用哪"……我们总会以诸如此类的理由，不把物品放回原处，这也正是房间总也收拾不好的原因所在。

因此，房间整洁的关键，就是要"物归原处"。

我家也一样，每天都会变得乱糟糟的。所以，我会尽量杜绝"稍后再做"，而是选择"即刻动手"。

餐桌上、厨房的吧台上、沙发上、地板上……我们把物品摆在这些地方之后却不"物归原处"的频率想必很高。只要稍加注意，记得"不把物品摆在 XX 上面"，就能让家里变得整洁清爽。

重要的是，要把物品数量控制在自己能够"整理好"的范围内。圆锅和平底锅的数量我都控制在了最低限度，只留下"现在一定用得到"的东西。将物品数量精简到"管得过来"的程度，即使对收拾整理并不擅长，也一定能够打理得妥妥当当。

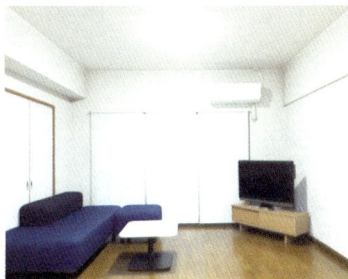

客厅里用于收纳的家具，只有无印良品的电视柜而已。看电视时，要么把遥控器放在电视柜上，要么放在沙发上。不看时一般会收进电视柜里。

绝大多数物品，
并非不可或缺

MINIMALISTS

　　"好的家具能用一辈子""用的时间越长越够本儿"……以前，听到店员这样说时，我觉得有道理，便花大价钱把家具买回了家。

　　可是，人心是会变的。最终，绝大部分家具还是被扔掉了。我明白过来，在我家，是不需要"能用一辈子的东西"的。

　　若能放下对过去的执着和对未来的不安，就能让房间清爽，心情轻松。

　　然而大多数时候，人们却无论如何也放不下。曾经，我也一样。

　　可话说回来，绝大部分物品的确并非不可或缺。

　　到目前为止，我虽"断舍离"掉了不少"也许某天用得到"的物品，但让我后悔丢掉的东西，却近乎无。

东西变少后，便用不着收纳家具了，于是处理掉，买来了能放进壁橱里的整理箱取而代之。将同样款式的盒子摆在一起，看起来整齐划一。我计划不再增加整理箱的数量了。

前阵子，我丢掉了两双穿不着的鞋子。若是以前的我，一定会想"等有空的时候挂到网上卖掉吧"。然而所谓"有空的时候"，究竟是何时？"有空的时候"，永远也不会到来。所以，我便扔掉了。

我家所有的文件都收纳在小竹篮里。将纸质资料的数量控制在篮子装得下的程度。物品精简了，收纳家具就用不着了。

觉得扔掉会后悔的东西，就留下

照片中既是家居服，又是睡衣。对于把外出时穿的衣服"降级"为家居服这种事，我并不排斥。我在挑选衣物时，本就十分看重舒适度，因此用来当家居服正合适。

虽说我属于对任何物品都能果断放手的类型的人，不过，扔掉前，我还是会和物品"面对面"，花点时间整理一下心绪。不想舍弃的东西，也没有必要勉强自己扔掉。

喜欢的东西就一直用下去吧，直到你觉得能说再见为止。

没有"客人专用"的物品

照片中是我家的全部餐具，没有一件是"客人专用"的。以前，家里的餐具足有现在的 6 倍之多，如今，给客人用的就是平日里我们自己用的餐具。

"分类"很重要。甚至可以毫不夸张地说，收拾、断舍离、整理，无一不是建立在"分类"的基础上。

用还是不用，需要还是不需要，喜欢还是不喜欢，扔掉还是留下来……若想做出判断，一是要"拿出来"（面对物品），二是要"分清楚"（清晰透彻地审视物品）。只要坚持做这两件事，"分类"就一定可以顺利进行下去。

玄关是家里的门面

俗话说："观玄关便可知家之全貌。"

玄关是我们每天的必经之处，正因如此，我才没有让它成为储物间，而是整理清爽，打扫干净，除去在玄关用得到的物品，不放置任何杂物。

鞋架是山崎实业 [1] 的产品。

壁饰也是能少则少

想必有不少朋友会在墙上装饰诸如海报、照片和挂件一类的东西。

曾经有一段时间，我也把墙壁装饰得花里胡哨的，不过现在，那些饰物都被我扔了个精光，只在玄关的固定区域才有一些壁饰。

我安装了无印良品的"挂在墙上的家具"，摆的是印章等必需物品。

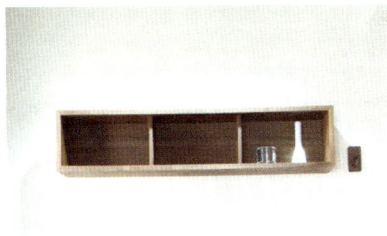

我现在只有 2 本书

丈夫 0 本，长子大约 10 本，次子 0 本，我 2 本。

现在，我们已经不再买书了。想看什么书，就从图书馆借来看。

若是我的文章有幸被图书或杂志刊载了，我就剪下来，只保留和自己有关的部分。

不只是书籍，如果能做到所有物品都"能少则少"，我想，恐怕也就不需要什么"收纳术"了吧。

1. 日本专门生产家居用品的制造商。

我的目标，
是打造一个想搬家时
说走就走的家

不会因为便宜而冲动购物，而是深思熟虑，
只拥有经常使用并且经久耐用的物品。

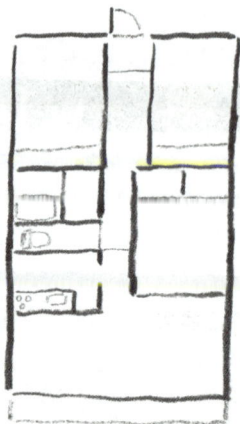

个人信息

Instagram： https://www.instagram.
com/kozue·_·pic/

三口之家（丈夫，妻子，刚出生不久的
婴儿），现居千叶，主妇。

住所： 3 室 1 厅带厨房，职工住宅。

"需要"的标准： 我看重的是款式，以
及使用起来是否顺手。尽量选择自己真
正喜欢并且经久耐用的物品。

"不需要"的标准： 为了不让房间被物
品所埋没，我尽量不选择大件家具。

"该扔掉"的标准： 关键的一条就是——
这件物品在一年内是否被使用过。每逢
换季，我一定会重新筛选一遍衣物，并
时刻记得"添新就要弃旧"。

IDÉE[1] 的 AO SOFA。画作一般的沙发成了房间的亮点。地板上摆放的物品很少，短时间内就能完成清扫。

1. 将"探索生活"奉为主题的家居品牌，诞生于 1980 年代的日本。

物品少了，搬家、打扫、管理都轻松

结婚后，我变成了"调职一族"，到现在已经有4年了。到目前为止，我经历过两次搬家，并借机开始对物品进行筛选和整理，走上了"断舍离"之路。

我真切地体会到，物品变少后，无论是搬家，还是打扫，抑或是日常管理，都着实轻松了不少。于是，我决定以"少物生活"为目标。

不再"想要什么买什么"，而是"只拥有生活中绝对不可或缺之物"和"少量奢侈品"，把这条准则时刻记在心上来把握物品的数量。

名家工艺品、包包、衣物之类的，虽谈不上在生活中绝对不可或缺，可有了它们，能让我觉得幸福、开心，这类物品，就是我所谓的"奢侈品"。

不要大件家具

为了不让房间被物品所埋没，我尽量不持有大件家具。比如餐桌，我就没有，吃饭就在客厅的桌上解决。客厅里的家具，也仅有沙发、桌子、电视柜和圆凳而已。

我想让地面看起来开阔些，便干脆没有铺地毯。如此一来，沙发和茶几就成了客厅的主角。

圆凳不仅能用来坐，还能用来摆放花瓶。选择多功能型家具，使用灵活，轻松便捷。

大显身手的无印良品 U 字形家具和收纳盒

我很喜欢无印良品的产品，经常购买。其中买得最成功的，就是 U 字形家具了。

在我家的日式房间里，U 字形家具既是电视柜，也是电脑桌。下方的空间里，我用无印良品的文件盒取代了抽屉，把移动硬盘和电线"藏"在了里面。

软盒和聚丙烯塑料收纳盒也大有作为。包包、帽子、衣服、食品等，我都用它们来收纳。

为了在搬家时能原封不动地搬走，大部分衣服我都收进了衣物整理箱里。将衣服叠整齐后纵向摆放，方便取用。

壁橱下方的抽屉里放的是药和化妆用具。搬运时，可以整张抽屉直接搬走，简单快捷。

单独摆放会"站不住脚"的布书包，我都收进了软盒里，纵向排列。改变一下软盒开口的朝向，取用物品时更加方便。

我喜欢在日式房间里舒服自在地闲待着，也在考虑过阵子要不要把这里当成儿童房。

化妆用具都收进了抽屉。在储藏柜上竖面镜子，就能当化妆台用了。

我在壁柜处架了一根悬挂杆，平时会把帽子等一些构图效果较好的物品挂在这里，布置成展示性空间。

MINIMALISTS 如何利用早上的 3 小时
让一整天都充实起来

早 7 点到 10 点的 3 小时，是黄金时间。

洗衣，打扫，有空时还能做出几样常备菜。如果能把这 3 小时利用好了，余下的一整天里，充实程度会大不一样。

有了 oisix 的半成品膳食包，仅仅 20 分钟就能做出一顿营养满分、美味可口的日式料理。

我把烤箱也处理掉了，现在家里只有微波炉和电饭锅。

我家没有餐具柜，常用的餐具都放在置物架上，其余的则收进水槽上方的吊柜里。所有餐具都是白色的。

我的愿望是：不勉强，不硬撑，轻松做家务，快乐过生活。

大米装在 Anchor Hocking[1] 的广口瓶里。玻璃材质，一眼就能看出还剩多少。

照片里是 oisix 的半成品膳食包。味噌青花鱼配羊栖菜，双色青菜炒鸡蛋。用微波炉把青花鱼加热一下，配菜就是把家里现成的蔬菜切好后炒了炒。

照片里是我家的餐具。装餐具的整理盒来自无印良品和 Seria[2]。按种类分好，取用便捷。

水槽上方的吊柜里放的是餐具和保鲜盒。摆放时没有密密匝匝地紧挨在一起，而是留出了间隙。

1 美国玻璃餐具制造品牌，中文常用译名为"安客"。
2. 日本连锁型百元店。

迎接家庭新成员的准备

cofucu[1] 的连体衣，外加一顶可以通过绳结来调整大小的可爱帽子。minä perhonen[2] 的围嘴，以及手工编织的小鞋子。

我迫不及待地想要看到宝宝穿上它们。于是一边掰着手指数离预产期还有多少天，一边把我准备好的这些东西摆在面前，沉浸在美好幻想中。就这样，不知不觉间，宝宝出生了，我们开始了三口之家的生活。

防灾物品要仔细备好

暴雨、台风、地震，每当在电视里看到这些重大灾害来临时的光景，我都能深切感受到大自然的暴虐无情，于是开始重新思考，自己现在能为防灾做好哪些准备。

保质期长达 12 年的水、便于长期保存的食物、能背着走的非常时期专用饮水袋、便携厕所、毛巾、袜子、口罩、眼镜、常用药、清洁用品、透明胶带、油性马克笔、剪刀。

我时常祈祷，这些"有备无患"的物品永远不会派上用场，明天也是平安顺遂的一天。

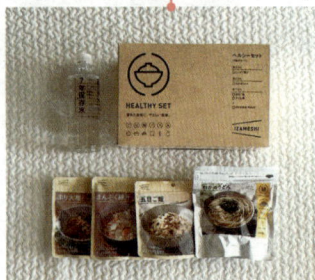

因美味而备受瞩目的储备食品——IZAMESHI[3]

"速食餐包"不用加水也能食用，"健康餐包"里是简易的日式料理。可以供应成年人一日三餐的储备餐包套装，我准备了两份。

在既没有常温水，也没有热水的情况下，可以开袋即食，简单便捷。

（本页注释见下页）

摆设要小巧

一株插花，类似这样小巧的摆设，方便挪动。我很喜欢用它们来装点房间。

这盏台灯外形酷似煤油灯，灯泡是 LED 的，散发出的光芒温润而沉静，是它的特色。

用间接照明的方式将整间屋子映射得温馨无比，能抚慰我疲惫的身躯。

我的目标是收纳时要"留白"

盥洗室很窄，我便把泡完澡后用得到的东西全都放在了卧室自带的储物柜里。

洗澡时，把毛巾、内衣、睡衣等必要的物品装进布盒后带进浴室，就像在澡堂里那样。

收纳时，我不会让物品密密实实地挤在一起，而是留出间隔，方便取用。

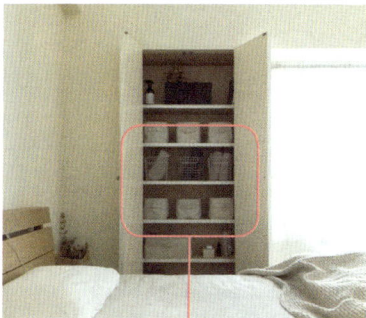

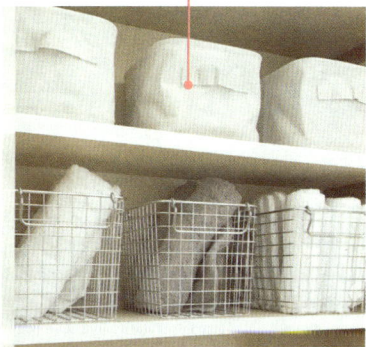

1. 日本山梨县小林 Meriyasu 株式会社旗下的婴儿服装品牌，中文常用译名为"子福"。
2. 由日本设计师皆川明创立的时尚品牌，以纺织面料为中心，其设计涵盖了服装、家具、器皿，以及空间设计等领域。
3. 日本杉田 ace 株式会社旗下的防灾专用储备食品品牌。

一 家 人 的 极 简 生 活

ミニマリストな
暮らし方

一天中，我们待在客厅里的时间恐怕是最长的。正因如此，才更要把客厅打造成清爽利落、宽敞舒适的空间。

　　"要让客厅清爽利落"，这句话说起来简单，做起来其实也一样，我们有无数种方法。

　　我们这就来看看究竟该下些什么功夫吧。

第二章

客厅没有
大件家具，
清爽利落

兼子寿弘（@minimalist._.ph）1 个人，1 居室带厨房

以自己喜欢的黑色为基调
来统一客厅的色调，
致力于地面空无一物

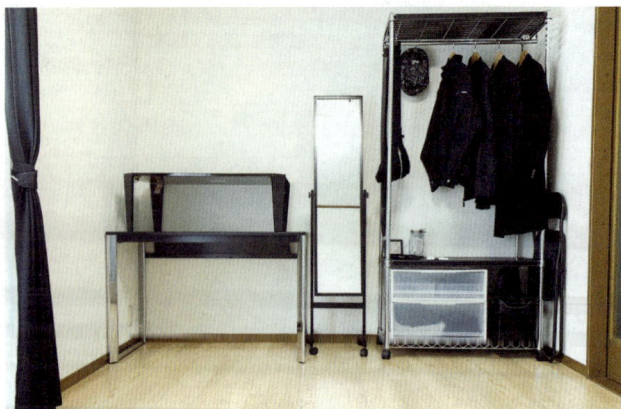

个人信息

兼子寿弘 @minimalist._.ph

Instagram： https://www.instagram.com/minimalist._.ph/

独居，现居静冈，32 岁，公司职员。

住所： 1 居室带厨房，26.2 平方米，出租屋。

"需要"的标准： 生活必需，使用频率高，而且是自己中意的款式。

"不需要"的标准： 非生活必需，或者虽是生活必需但使用频率低。

"该扔掉"的标准： 已经老化的物品。不常使用的物品。拥有这件物品会让自己感到不自在。

辞掉工作的同时，我立志成为极简主义者

我在现在的房子里住了将近 6 年。起初，这里不过是极其普通的独居男人的房间。

我开始立志成为极简主义者，是在 2015 年的秋天。那时，我辞去了一份作为正式员工做了 5 年的工作。虽是经历了万般踌躇才做出的决定，心情却如释重负般舒畅。与此同时，我还萌生了"要活得更加轻松"的想法。这也是因为受了佐佐木典士《我们已经不再需要物品》这本书的影响。

用少量物品打造精致生活，进而改变自己。就这样，我一天天地走了过来，一点点地变成了自己想要的样子。

以前，我在桌子前摆了一把办公椅。但是大多数工作站着就能完成，于是我便把办公椅处理掉了。

衣服每天都洗，我很喜欢叠衣服。

我所理解的"极简"，是把房间布置得像美术馆一样。物品摆放时留有间隙，看上去仿佛艺术品一般。当然，这也需要物品足够少才做得到。

客厅里只有桌子、镜子和衣柜

LIVING ROOM

　　客厅同时也是我的卧室。这里曾经有电视，有床，冬天还会有被炉。

　　我致力于追求"地面空无一物"的状态，只要不是自己现在的生活中必不可少的物品，我都痛快地放手了。

　　如今，客厅里只剩下了桌子、镜子，还有衣柜。衣柜的门板我也嫌碍事，拆掉了。

　　桌子以前配有一把办公椅，现在也处理掉了，彻底变成了"站立式办公桌"。想要坐着的时候，我就把收在衣柜右侧的折叠椅拿出来坐。

　　我以自己喜爱的颜色——黑色为基调，利用黑白反衬的效果来统一房间的色调。窗帘我也换成了黑色。

电视机、吸尘器，我都放手了

成为极简主义者后，房间里如果有用不着的物品，我就会觉得别扭。

我想打造的是这样的空间：房间里只有必需的物品，犹如禅寺庭院一般，没有一件无用之物，有"留白"的美感。

处理掉电视机也有将近3年的时间了，几乎没觉得有什么不便。

之所以把吸尘器也处理掉，是因为我觉得地板用湿抹布来擦就可以了，吸尘器也并非不可或缺。

地面上空无一物，即使用抹布擦，一眨眼的工夫也能擦完。

如今，我没有丝毫物欲。能够不被物品所扰，心情别提多美妙了。

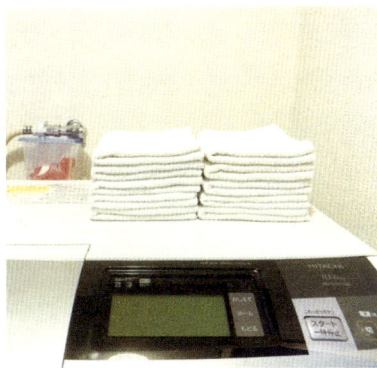

丢掉了床，睡觉时，我用的是 IRIS OHYAMA Airy 系列床垫中的 MAR-S，以及 NITORI 的轻巧松软单人羽绒被。晚上入睡到次日黄昏，只拉起纱帘。

我没有浴巾。清洗时，晾晒时，浴巾都很占地方，因此我便处理掉了。擦头发和身体，有洗脸巾就足够了。现在我把毛巾数量固定在 10 条，都是白色的，给人干净清新的感觉。

夕阳西下时会有些晃眼，因此一到黄昏，我便会拉起黑色的遮光帘。临入睡前，再把黑色遮光帘拉开，只留下纱帘，并调暗屋里的灯。"屋外漆黑 X 屋内昏暗 X 纱帘遮挡"，这样一来，晚上就不用担心从外面能看到屋内的景象了。

提高自己动手做饭的 频率，缩减伙食费

LIVING ROOM

　　我一直对自己很胖这件事有些自卑。总是不知不觉就吃很多，超过了身体的需求量。我想改变这么没用的自己，这也是我立志成为极简主义者的理由之一——我想成为自制力很强的人。

　　自己动手做饭着实不易。尽管如此，我仍会尽量买些健康的副食品回来，把它们整齐地摆在盘子里，为了让自己一直吃上"像样的晚餐"，一点一滴地努力着。

　　有时，我也会做一顿"懒人料理"，把蔬菜和肉放进汤里煮一煮就算大功告成。

　　希望随着自己动手做饭的频率一点点增加，能够节约些伙食费。

这是我从便利店买来的
副食。只需装在盘中，
便是丰盛的一餐。

我很喜欢刷洗餐具。使用前后，我都希望厨房能
保持这种状态。

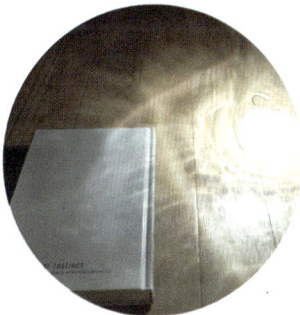

我很喜欢睡前读书。对我个人来说，
外文书的译本很难啃，能让我快速入
睡。（笑）Sonnenglas 在我的睡前
阅读活动中发挥了相当大的作用。

为了保证玄关的"留白"，我会抓住一双运动鞋
死穿不放。去近处时穿的 Crocs[1]，以及雨天时穿
的长靴也是同等待遇。

1. 中文常用译名为"卡骆驰"，是一家创立于 2002 年，总
部位于美国科罗拉多州的鞋履设计、生产及零售商。

saori（@saori.612）2 个人，2 居室带厨房

让喜欢整理和不擅长整理的两个人都能轻松生活的客厅

个人信息

saori @saori.612

Instagram： https://www.instagram.com/saori.612/

2 人生活，现居埼玉，20 余岁，公司职员。

住所： 2 居室带厨房，38 平方米，房龄 30 年的出租屋。

"需要"的标准： 没有它会感到困扰。

"不需要"的标准： 有替代品的物品。

"该扔掉"的标准： 整整一年都没用到过的物品。接下来半年内也不打算使用的物品。

（※ 现已搬家，另居别处）

男友曾经
很不擅长整理

LIVING ROOM

　　二人生活的开始，是一个重要契机，让我立志成为极简主义者，只拥有满足生活需要的最低限度的物品，过简单清爽的生活。

　　我从小就喜欢整理，养成了物品用完就放回原处的习惯，然而男友却不擅长整理。对我来说，"物归原处"是习以为常，对他而言，"放置不管"才是理所应当。我想改变这种状况，第一步，就是精简物品。

　　我并没有强行丢掉物品，而是和男友一起思考，这件物品能否两人共用一件、那件物品是否真的必不可少。

　　精简物品，让两个人彼此都轻松自在，过上了简单清爽的生活。

本来，我特别喜欢装饰性的小物件。可由于既没足够的地方摆出来，又没充裕的空间收回去，所以只能用小巧的摆件来自得其乐一下。

用无印良品的整理盒收纳琐碎小物。收纳的原则是"一目了然"。

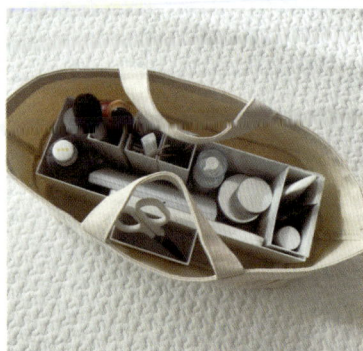

最近我买了 Artek [1] 的坐垫，供客人到访时使用。对略显朴素的我家而言，这套坐垫是很好的点缀。

1. 芬兰家具品牌。

家里没有独立的洗脸台，我把化妆用具都装进了手提包里，便于搬运。

将琐碎物品归在一处，找起来容易

为了不让客厅显得逼仄，我尽量不在地板上放置任何物品，沙发也用 Artek 的坐垫来代替。

我家大件家具不多，但是无印良品的储物架 4 年来我都钟爱有加。将所有的琐碎物件都归拢在这里，省去了翻找的麻烦。

在储物架的抽屉里放上无印良品的整理盒，把零七八碎的东西全都放进抽屉里，收纳时做到"一目了然"。

我将化妆用具放进无印良品的文件盒里，再装入手提包。为了不让自己添置过多物品，我把化妆用具的数量控制在手提包刚好装得下的程度。

积极、灵活地 使用替代品

由于无处安置，家里并没有床，取而代之的是 IRIS OHYAMA 的 Airy 床垫。我们把两张叠在一起使用，与床和褥垫相比，舒适度可谓出类拔萃。

家里本来没有衣柜，我在壁橱里放了一个晾衣架，把它改造成了衣柜的样子。悬挂式收纳，让衣物保持舒展整齐。

我将两人的鞋子收纳在了房间自带的储物柜里，我们尽量不持有太多的鞋，所以没有鞋柜也不觉得不便。

我们也没有浴巾，用洗脸巾来代替。洗脸巾带有孔眼和绳扣，方便悬挂，我很喜欢这一点。

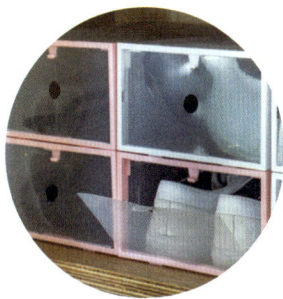

Can Do 的鞋盒，从外面能分辨出里面装着哪双鞋，易取好收，我很喜欢。

平时不把床垫收进壁橱，而是竖起来靠在墙上。不用叠被铺床，忙碌的清晨也游刃有余。

Scope[1] 的家用毛巾，即使不用柔顺剂清洗，也不影响绝佳触感，令人倾心。

悬挂式收纳，不仅免去了叠衣服的麻烦，哪件衣服在什么地方也一目了然，还可以避免再次购入相似的衣物。

1. 主营家居用品和日用百货的网上商城。可以购买包括 Scope 原创品牌在内的多种品牌的商品。

想一想，如何让物品
用起来更顺手

LIVING ROOM

　　我竭尽全力让自己的所有物能少则少。网眼分装包能分辨出里面装了哪些东西，可以避免丢三落四。

　　脚下的电热毯传来阵阵温暖，再在桌上盖条毯子，就是一个自制被炉。用上烘被机的话，就更暖和了。

　　炉灶下方收纳的是平底锅等锅类用具，我看重的是"取用方便，回收容易"，收纳时，我也把这一点记在心上。

　　我以"用来存米"为由买了个大冰箱，把米箱放在了冰箱的蔬菜层里。

　　冰箱侧壁能吸住磁铁，是块意想不到的收纳宝地。将物品摆在明处，想用时触手可及，非常方便。

炉灶和水槽下方，利用 U 字形分隔架和立式分隔架进行分区收纳、立式收纳。

通勤包里有手帕、纸巾、折叠伞、钥匙等，物品数量控制在满足需要的最低限度。

经常用到的围裙、锅垫和电子秤等物品，我都一一用挂钩挂在了冰箱侧壁上。

开始使用自制被炉后，我们得以用比之前低廉的电费度过寒冬。

maru*（@＿＿＿mr.m＿＿＿）4 个人，3 室 1 厅带厨房

将所有物品统一成白色，让空间看起来整洁清爽

个人信息

maru*@＿＿＿mr.m＿＿＿

Instagram: https://www.instagram.com/＿＿＿mr.m＿＿＿/

四口之家（丈夫、妻子、小学五年级的儿子、小学二年级的女儿），现居东京，30 余岁，从事社会保障相关行业。

住所： 3 室 1 厅带厨房，96 平方米，按户出售的公寓。

"需要"的标准： 把物品收纳在固定位置，购物时记得将物品数量控制在收纳地点放得下的程度。

"不需要"的标准： 尽量不买"便利型"产品。

"该扔掉"的标准： 除应季商品，大约 1 个月没触碰过的物品，就处理掉。

白色最能让空间显得和谐统一

结婚前，我还在老家生活时，房间脏乱到从门根本进不去、需要从阳台进入的地步。

随着长子的出生和一天天长大，我意识到了房间脏乱有多么危险，于是开始整理物品。

对我来说，极简生活是为了让棘手的家务变得简单，让珍贵的物品得以被好好珍藏。

房间的基调是白色。在我看来，白色是最能让空间显得和谐统一、整洁清爽的颜色。我将所有物品都统一成了白色。沙发是接近白色的浅灰色，电视柜、餐桌、椅子都是白色。

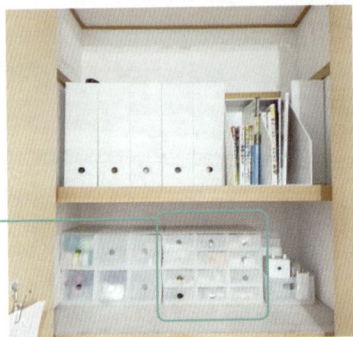

客厅的收纳。收纳用具整齐划一，井然有序。上层的文件盒里装的是书。

NITORI 的沙发床。挪走沙发靠垫，再铺上床单，沙发就变成了床。

将抽屉分成一个个独立区域，方便取用。

我们没有摆放茶几，平日里只有一张餐桌。

LIVING ROOM 在沙发床上 不知不觉睡着的幸福

　　我尽量不在客厅放置物品，客厅里只有沙发和电视。

　　地板上没有铺地毯，显得更宽敞了。沙发相当大，虽说很占空间，但实际上，这张沙发也当床用。

　　在我家，没有属于我们两夫妻的卧室，我们便睡在沙发床上。

　　NITORI的沙发床足够宽敞，两个成年人睡在上面也绰绰有余，窝在上面休闲放松也再合适不过。

　　睡在客厅，能够享受看着看着电视不知不觉睡着的幸福。

　　寒冬盛夏，靠隔壁的儿童房和一台空调就能平稳度过，节能环保。

不再添置新的收纳家具，把物品都收进房间自带的储物架里

LIVING ROOM

　　我没有特意添置餐具柜等收纳家具，尽量把物品都收进了房间自带的收纳空间里。

　　将物品直接放入吊柜或抽屉中，取用时很不方便，而且不能把握物品总量，因此可以用整理盒来分区，让每件物品都有安身之所。

　　整理盒也统一成白色或者透明的。

　　厨房里，我将浅底盘子、碗、玻璃杯、马克杯等分门别类地放进了整理盒里，只要抽出盒子，就能轻松取用里面的物品。

　　在炉灶下方，我将文件盒排成一列，把平底锅和圆锅一个个放进里面，"立"起来收纳。

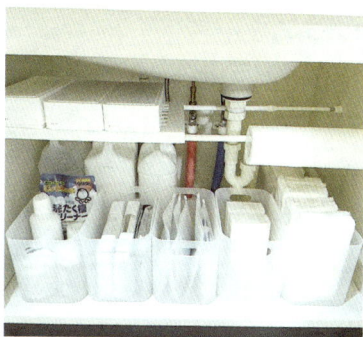

有效利用空间，设置隔板架。隔板架上有指甲养护用具、理发用具，以及隐形眼镜护理用具。全都放进整理盒里，归拢在一处。

吊柜里，将浅底盘子纵向排列而不是横向摆放，可以增加收纳量。

将保鲜膜和铝箔纸分别装入无印良品的磁吸式保鲜膜盒中，"吸"在微波炉侧壁上。

在冰箱侧壁安装毛巾杆和挂钩，用来收纳垃圾袋。

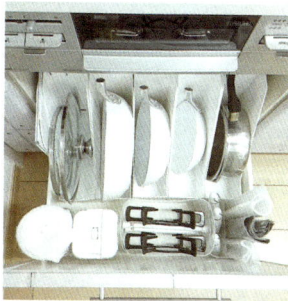

照片中为炉灶下方。平底锅也全部统一成了白色，每次用完后都仔细洗净。把小苏打煮沸就能去除附着在锅内的污渍，锅底如果烧焦了，也能用小苏打擦拭干净。

☕ LIVING ROOM 出于方便打扫的考虑，不将物品直接放在地板上

我有一儿一女。

虽说现在两人共用一间房，但我们计划将来让他们各自拥有自己的房间，所以二人的物品，我都是分开收纳的。

两人一人一个 IKEA（宜家家居）的储物架，用来摆放学习用具。衣物也一样，一人一个衣架，悬挂收纳。为了方便打扫，所有的架子我都选择了离地面有一定距离的款式。

我将鞋子一双双地装进 Seria 的盒子中进行收纳。沾在鞋上的沙土不容小觑，我这样做，也是为了防止沙土掉落。

不把鞋子直接放在鞋架上，也就不会弄脏鞋架了。

配合孩子们的身高，我将衣架也调节成了相应高度，方便他们拿取衣物。衣架上的整理盒里预备着内衣和上下成套的睡衣，洗完澡后或洗澡之前，只需带上盒子里的"沐浴套装"即可。

用来收纳孩子们学习用具的架子也是白色的。其他用品的颜色比较单调，所以儿子的蓝色用品、女儿的粉色用品，给房间带来了一些"儿童房"的气息。

睡觉前，我会清扫一下玄关。鞋子不允许直接放在玄关。每周的周五或周六晚上，我会用水把玄关擦拭一遍。

鞋子都一双双地放进了 Seria 的盒子里。每双鞋都有固定的收纳位置，即使孩子们来收拾，也不会收得乱七八糟。

うた（@utatanenet_home）4 个人，3 室 1 厅带厨房

物品少了，五颜六色
也不会显得杂乱

个人信息

うた @utatanenet_home

Instagram: https://www.instagram.com/utatanenet_home/

四口之家（丈夫、妻子、5 岁的儿子、3 岁的女儿），现居兵库，30 余岁，主妇

住所: 3 室 1 厅带厨房，68.57 平方米，按户出售的公寓。

"需要"的标准: 生活必需品 + 能够丰富心灵的物品。

"不需要"的标准: 收纳空间里放不下的物品。

"该扔掉"的标准: 拥有这件物品会让自己感到压力，不想让这件物品示于人前。

改变房间布局，
找寻惬意生活

LIVING ROOM

　　6 年前，因为结婚和怀孕，我第一次有机会在陌生的地方独自度过很长时间。

　　既然如此，何不把住处打造得舒适而又惬意呢？这也促使我立志成为极简主义者。

　　我虽性格懒散，却也想让住处维持整洁清爽的状态。最重要的是，我变得乐于思考如何持家（让收纳、整理和做家务变得轻松的方法），开始一点一点改变家里的布局，不断摸索怎样才能营造出舒适惬意的氛围，即使长时间待在家里，也始终感到开心。

　　地板上不放置任何物品。孩子每天都把玩具弄得乱七八糟，我也让他们养成了及时整理的习惯。

比起杂七杂八的装饰物，
只需摆上一盆大大的观
叶植物，便不会让房间显
得清冷肃杀。

厨房吧台的Ｖ字花纹墙壁，壁纸是自己贴的，
成了房间的一大亮点。

纸箱做成的垃圾桶。我会一次性套上3个
垃圾袋，这样便不至于每次都要重新更换。
垃圾箱底部也储存着大量垃圾袋。黑色的
装可燃垃圾，透明的装塑料垃圾。

我用球形坐垫取代了沙发。坐靠在上面休息
放松，和沙发没什么两样。方便移动，保养
起来也省事。

不摆放大件家具，让地板显得宽敞

我尽量不摆放大件家具。餐厅里只有桌椅，客厅里只铺了一张圆形的小毯子，此外还有一张单人沙发，以及摆着观叶植物的圆凳。

家里曾有一张 3 人座的沙发，已经处理掉了。没有了沙发，腾出来不少地方，可以在宽敞的空间里休息、放松，自在惬意。

隔壁的日式房间是"休闲区"，里面有电视。有时我们也会将客厅的地毯和坐垫搬过去，慵懒地躺上一会儿。

KEYUCA[1] 的单人沙发真是深得我心。闲暇时，我会把圆凳当成小桌，尽情享受咖啡时光。

1. 日本生活家居品牌。

推拉床买得太成功了

LIVING ROOM

　　一直以来，我们都是把被褥铺在地上并排睡。可随着孩子们逐渐长大，这样睡未免会觉得有些拥挤，况且每天都要叠被铺床，还要为如何防潮而烦恼，因此我便购置了推拉式的亲子床。

　　这套床能折分，将来和孩子们分房睡时，当成普通的上下铺来用就可以。

　　平时，下层的床可以推回去，整体只占一张单人床的空间。地上再铺一床被褥，丈夫、儿子、我和女儿，分榻而卧。

　　这套床的另一个优点是带围栏，可以防止孩子睡觉不老实，把别人变成"人肉褥垫"。

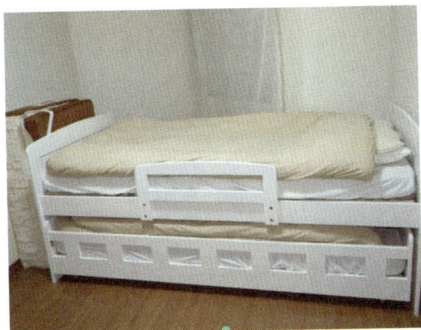

平日里睡觉的时候，3张单人床是一字排开的。
然而把床收起来时，却只剩下一张单人床的大小。
如此一来，6张榻榻米大的卧室也不显得逼仄。

矮沙发，里面装着供客人用的被褥。每隔两三个月，
我家会有客人留宿，所以被褥不能扔掉。没客人
来的时候，就当沙发用。

记住，别抱着"总之先买了吧"的想法购物

LIVING ROOM

我会尽量将衣服挂在衣架上进行收纳，孩子们的衣服也一样，就连裤子，我都用衣架挂了起来。

把衣服收进抽屉里，取、放都不方便，想穿时还要花时间翻找，并且容易让穿不着的衣服越积越多。

"悬挂式收纳"，哪件衣服放在哪里，一看便知，孩子们换衣服时也省时省力。

接收到"衣架不够用了"的讯号时，就要重新评估一下衣服的数量，来一场"断舍离"。

不仅是衣服，购买任何物品时，都要记得：别抱着"总之先买了吧"的想法。

添置物品的标准是"这件物品是否会让我的生活变得更加舒适"。

衣柜里的衣物不放进抽屉，一律"悬挂式收纳"，哪件衣服放在哪里，一目了然。

衣服洗好后还要一件件叠起来，实在烦人。为了省去这道工序，孩子们的衣服我也都挂起来收纳。以前，叠衣服要花15分钟，现在只要挂起来就行，3分钟就搞定了。

把儿童椅改装成了衣帽架。孩子升学时，不知不觉就想添置收纳用具。这时，只要重新看看家里现有的物品，也许就不用购置新的了。

一 家 人 的 极 简 生 活

ミニマリストな
暮らし方

衣服和鞋子，文件和文具，餐具和厨具，这些物品不经意间就多了起来。

衣柜、抽屉、餐具柜里的物品，动不动就满到"溢"出来。极简主义者们如何进行整理、收纳，才使得放在这些地方的物品用起来既方便又顺手呢？

本章就为大家介绍 3 位人士，他们把收纳空间打理得极为整洁有序，懂得收纳时的"留白"之道。

CLOSET STORAGE

第三章

衣柜里的收纳，物品不占七成，只占五成

hana（@simplelife_hana512）1 个人，1 居室带厨房

不把物品塞得满满当当，
管理起来方便，整理起来迅速

个人信息

hana @simplelife_hana512

Instagram： https://www.instagram.com/simplelife_hana512/

独居，现住东京，30 余岁，公司职员。

住所： 1 居室带厨房，7.2 张榻榻米大小（27 平方米）[1]，出租屋。

"需要"的标准： 必要的物品，令我心动的物品。

"不需要"的标准： 不必要的物品，不能令我心动的物品。

"该扔掉"的标准： "有朝一日"会用到的物品，和现在的自己不相称的
物品。

1. 此处的 7.2 张榻榻米一般仅指房间面积，27 平方米指房间、厨房等空间的总面积。

房间的杂乱与内心的混乱是相互映照的

东西一多就容易落灰，打扫起来相当费力。

我想让时间变得充裕，让内心变得自在，到目前为止，处理掉了不少杂七杂八的物品，比如储物箱、DVD 机、CD、整理箱、衣物和零碎小物（在 Mercari[1] 上转卖）等。

精简物品之后，焦躁不安的时间变少了，更多时候，我都能心平气和地度过。除此之外，我还比以前更加懂得珍惜物品了。

我始终认为，房间杂乱就意味着内心混乱，内心混乱就会导致房间杂乱。因此，一旦发现房间有变得杂乱的苗头，就会立即动手收拾整齐。

---

1. 日本二手交易平台。拥有针对智能手机的 C2C（个人与个人之间的电子商务）二手交易 App，中文常用译名为"煤炉"。

把现有衣服的数量控制在满足需要的最低限度，全部收纳在这里。内衣、袜子、家居服、背包等则放进无印良品的聚丙烯整理箱中，数量维持在整理箱刚好装得下的范围内。

吊柜用于储存厨房用具和保鲜容器。考虑到今后物品还会增加，干脆将上层空了出来。

文具的收纳。我将两个聚丙烯的抽屉式整理盒摆放使用，并提醒自己不要装得太满。

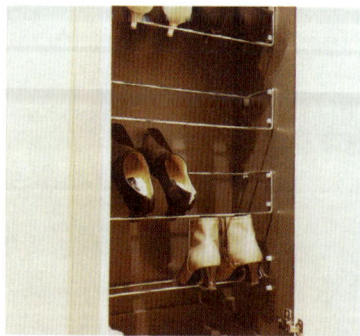

2双高跟鞋，1双短靴，1双雨靴。运动鞋由于经常穿，便直接放在了玄关。夏天穿的凉鞋则装入鞋盒，收进了鞋柜的上层。

积极抓住令自己心动的物品

CLOSET STORAGE

对生活无用的物品，不能令自己心动的物品，勾起自己不好回忆的物品，不知何时才能用到的物品，我都尽量拒之门外。

反之，必要的物品，令自己心动的物品，我则积极欢迎。比如衣柜里的 MAWA 衣架就深得我心。我现在有多功能套装衣架、裤用衣架等，一共 3 种。

洗衣→挂在衣架上晾干→晾干后收进衣柜，这一流程可以省去叠衣服的工序。

不把物品塞得满满当当的，既方便管理，又方便取用。

七成空间用于收纳，三成空间用于留白，就已经是理想状态了。然而涉及鞋柜时，我精挑细选得过于严格，留白竟占了将近五成。

规律生活是保持
心情平静的关键

CLOSET STORAGE

　　我想把日子过得悠然从容一些，因此常常提醒自己要规律生活。

　　每天早上，洗完衣服、简单打扫之后便出门上班。下班后若是到家早，大多数时候，我会换上运动服去健身房。有空时，我还会打开手账，和自己谈谈心。

　　由于早上很早就要起床，我定下了晚上 11 点就睡觉的目标。为了不扰乱心神，我尽可能不再做其他事情。

　　完成一系列任务后，在浴缸里悠闲地泡澡，钻进被窝等待睡意袭来，是我一天当中最幸福的时光。

静下心来和自己相处的宝贵时间——手账时光。把当天发生的高兴事，自己接下来想做的事情，一一记录下来。

我没有床，用的是东京西川 [1] 的 muatsu basic 折叠床垫。白天叠起来，房间通透开阔。

梯凳，轻便又称手。打扫高处时能当踏板，偶尔也能当置物台。可以折叠，便于收纳。

放上一面大大的全身镜，能让房间看起来更为宽敞。我将双层储物架用作了电视柜。

1. 昭和西川株式会社，总部位于东京，muatsu 是其旗下寝具品牌。

我家不可或缺的
家电——电饭锅

我每天都自己动手做饭，常会趁着周末提前做出来一些，电饭锅是我家不可或缺的家电。我会一次性蒸出来约0.2升米的米饭，分成小份后冷冻保存，备出一周的量。这样一来，即便在晚归和疲惫不堪的日子里，也能一进家就马上开饭。

用完厨房后，我会喷上 UTAMARO 清洁喷雾[1]，再用 Pasteuriser[2] 仔细擦拭，一定要让厨房洁净如初。灶具上的炉架，我也会拆下来，将油污仔细擦拭干净。

一眼望去，整洁清爽。我很喜欢这种状态，一打扫起来，花的时间就比我预计的要长，有时长得连自己都吓一跳。厨房干净了，自己动手做起饭来也更有干劲。

1. 日本东邦株式会社出品的清洗剂。
2. Pasteuriser77 酒精除菌喷雾，日本 Dover 洋酒贸易株式会社开发的一款食品级酒精除菌剂。

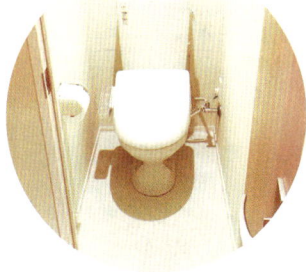

卫生间里没有脚垫和马桶垫。用小苏打和薄荷油代替芳香剂，价格便宜，效果显著。

要保持房间干爽，空气循环扇必不可少。床垫容易吸收潮气，要时不时立起来通通风。

扔掉了沥水篮，洗碗时将厨房专用的毛巾暂时铺在水槽旁，把洗好的餐具放在上面。

照片中为冰箱。这样的收纳状态还远不能让我满意，因此我会定期重新检查一下。

みそぎ（@clearlist16）1 个人，1 居室带厨房

搬家超过 25 次，辗转海外 5 个国家，只用一只行李箱就来去自如

个人信息

みそぎ @clearlist16

Instagram：https://www.instagram.com/clearlist16/

Blog："轻松生活"https://www.clear-list.com

独居，现住京都，30 余岁，公司职员。

住所：1 居室带厨房，8 张榻榻米大小（约 30 平方米）[1]，出租屋。

"需要"的标准：必要的物品，喜欢的物品。

"不需要"的标准：没用的物品，喜欢不起来的物品。

"该扔掉"的标准：用不到的物品，珍惜不起来的物品。

---

1. 此处的 8 张榻榻米一般仅指房间大小，30 平方米指房间、厨房等空间的总面积。

渐渐地，一只行李箱
就能装下我的全部家当

CLOSET STORAGE

我在一个濒临消失的边远村落出生、长大，在大都市（东京）居住过，也曾旅居海外，还有过在发展中国家生活的经历。这一切都是因为我想了解未知的世界，邂逅种种不同的感受。

仅在国内，15 年里，我搬家的次数就超过了 25 次。之后 1 年左右搬一次家。也没什么理由，想搬就搬而已。经历了多次合租以及海外旅居，从 1 年半以前开始，我久违地过起了身在日本的独居生活。

由于常常搬家、旅行、迁移，回过神来才发现，我所有的家当，居然只用一只行李箱就能装下。曾经，我也有过只背一只托特包就外出旅行 5 个月的经历。

小包中的物品只有这些。首饰全部装进
小木盒，再放入化妆包中，随身携带。

全部的厨房用具。基本上，我会将米饭、小
菜和沙拉盛在一个盘子里，盖浇饭用大号盘
子盛。我只吃不带汁水的食物。

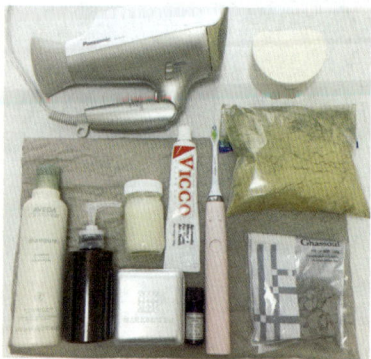

我共有 5 件首饰。左边的是住在澳大利
亚时买的。右下方的钻石耳坠是我的最
爱，里面嵌着黑色的线条，3 年前，我
对它一见倾心。

浴室用品。其中，电动牙刷必不可少。自从
买了电动牙刷，去检查牙齿时，医生说我没
有龋齿，牙龈健康，牙齿干净，没有牙结石。

电动牙刷是我的不可或缺之物

CLOSET STORAGE

在住处安定下来以后，物品也一点点多了起来。现在，我总共拥有约 125 件物品。虽说一只行李箱已经装不下了，但也能随时精简到一只行李箱就能装下的数量。

不过，并非所有人都觉得应该"断舍离"。自己幸福才最重要。我个人比较喜欢的行事风格是"不浪费，挖掘出物品的本质，最大限度地发挥物品价值"，并且也一直在这样做。

无论怎样精简物品，有一件物品都绝对不可或缺，那就是电动牙刷。我的牙齿能够不出毛病，都是它的功劳。我会有意识地将钱用在健康管理方面。

提前决定好一周的穿搭，轻松方便

CLOSET STORAGE

　　我虽喜欢买衣服，却会尽量把数量控制在大约 20 个衣架就挂得过来的程度，坚持买一件新的就丢一件旧的。比如说，处理掉几件夏装后，用腾出来的空间放秋装。

　　换季之初，我会检查一遍现有衣物及饰品的数量，看看需要添置些什么，根据预算制订计划。购置新衣后，决定好一周的穿搭，让穿衣"制服化"。

　　我想趁新鲜劲还没过，把衣服好好穿个够，之后立刻更新换代，因此衣服都不会穿很久。

　　鞋基本上就 3 双。黑色船鞋一年四季都会穿，穿坏了就再买一双同样款式的。

无须一换季就"大换血"的衣橱。每逢季节更替的时候，我都会重新审视一遍当季的衣服，要么扔掉，要么购置新衣，进行替换。

鞋子的数量少了，也就免去了不知该穿哪双才好的烦恼，乐得轻松。黑色平底船鞋，一年四季都能穿，是我鞋里的经典款。

2018 年秋季单品，总计 15 件。每逢换季，考虑好当季的穿搭，挑选出合适的单品，一年 4 次，这样做就不用再为每天该穿什么而伤脑筋了。

旅行时不可或缺的
轻型行李箱

CLOSET STORAGE

我曾旅居海外 5 国，游历了 20 多个国家（基本都是独自一人）。我很喜欢旅行。

7 年多以前，我购入了 Samsonite（新秀丽）的 COSMOLITE[1] 行李箱。我频繁辗转，搬家、迁移、移居几乎成了我的代名词。对这只行李箱，我一直钟爱有加。它非常轻，用两根手指就能轻轻松松地提起来。

就算想要来去自如，轻装简从，可如果行李箱本身很重，也依旧逃不过寸步难行的结局。

另外，即使承受了我长年以来的"摔打"，这只行李箱也没有出过任何故障，经久耐用。

---

1. 来自美国的全球化旅行箱包品牌新秀丽旗下产品。

回乡探亲或外出旅行前，我都是清扫完毕后再出门。再次返回家中时，会感到很安心。

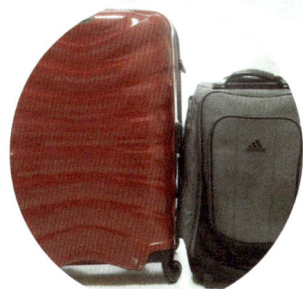

爱心榕。我热爱自然，因而摆了株爱心榕。

左侧的 COSMOLITE 行李箱，容量为90L。右侧的阿迪达斯背包是服役15年的"老选手"。

托特背包。我背着大约7公斤的行李，历时5个月，独自走过了3个国家。这是旅行结束时拍的照片。

房间里，脑海中，
都要有"留白意识"

个人信息

masuda の暮らし @kurashi_camera

Instagram: https://www.instagram.com/kurashi_camera/

独居，现住埼玉，40 余岁，公司职员。

住所: 4 室 1 厅带厨房，90 平方米，独门独户。

"需要"的标准: 生活必需品，保养简单的物品。

"不需要"的标准: 保养复杂的物品，犹豫不决的物品（有所犹豫，就不买）。

"该扔掉"的标准: 使用频率低的物品，觉得保养起来很麻烦的物品。

给大脑清清内存，神清气爽

CLOSET STORAGE

搬进现在的房子前，我收拾出的垃圾堆积如山，自己处理不了，只能请专业人士出手。自己居然被如此多的无用之物围绕着，我惊得目瞪口呆。

繁忙的工作让我心烦不已，于是，我开始"断舍离"，想在物品上少花些心力，给大脑清清内存，让自己神清气爽。

精简物品后，整理和打扫变得格外轻松，房间能一直保持赏心悦目的状态，每天都过得很舒服，我很开心。花在整理和打扫上面的时间少了，属于自己的时间也多了起来。

如今，我不再被物品束缚，能够静下心来，重新面对自己了。

为了方便使用，我把餐具的收纳地点从吊柜移到了储物柜的抽屉里。给客人用的餐具使用频率不高，我便让它们待在吊柜里了。

衣柜里本来放有整理箱，现在也移到别的地方去了。衣柜下方空无一物，打扫起来十分轻松。

筷子、叉子、勺子。主、客用的原本放在一起，然而使用时还要花工夫将我用的餐具挑出来，徒增压力，因此我只把自己用的留了下来。

厨房的另一侧。空出上层空间，看起来清爽敞亮。回到家后，房间若能保持整洁美观，疲劳也会得到缓解。

就算抽屉里还有空余空间，也不塞满

CLOSET STORAGE

考虑到在遥远的将来要与父母同住，我买下了独门独户的房子。然而现在却觉得，当初要是买个小点的房子就好了。

空间有了富余，物品就容易变多。实际上，一不小心，物品立刻就多了起来。倒不如处在没有余地添置物品的环境里，免得把注意力都放在物品身上。

房间数量多了，打扫起来也更加费时费力。于是，我有意识地让自己生活得和住在小房子里一样。

收纳要"留白"。虽说抽屉还有空余空间，我也不会塞满。扔掉餐具柜和书架，让原有的收纳空间也随之消失。

不持有保养复杂的物品

CLOSET STORAGE

物品扔不扔掉，主要标准是看生活是否必需，另外一条标准则是看保养是否复杂。

我处理掉了厨房里的沥水篮，把洗好的餐具都放在亚麻布上，布变脏后，很快就能洗净，然后只要晾干就行了，极为轻松。

脚垫和硅藻土的地垫我也扔掉了。铺了块洗脸巾取而代之。和亚麻布一样，洗脸巾也很快就能洗净，打扫时轻轻松松就能挪开，方便多了。

我家没有窗帘，而是装上了百叶窗。既省去了清洗的麻烦，还不用担心窗帘会散发出异味。

只摆放了餐桌和椅子。东西少了，打扫不及时也照样清清爽爽，轻松方便。

患上腰疼后，我就离不开沙发了。进行室内装饰时，少用几种颜色，打造沉静空间。

我讨厌让油污掉到地上，厨房里原本是铺有地垫的。可转念一想，比起清洗地垫，擦地不是更快些嘛，于是试着撤掉了地垫。

床边摆着召唤睡意时读书用的灯，以及纸巾。有张小桌就足够了。不过，缺了烘被机可不行。

积极投资于让思维
丰盈起来的物品

在花钱上，我尽量做到张弛有度。对我来讲，消费的
优先顺序依次是：

①食物

②自我提升所必需的书籍和培训费

③衣物

我在有利健康的食物上格外用心。让工作和生活变得
丰富多彩的物品，我花起钱来也是毫不吝惜。因为我认为，
丰富的生活能带来丰盈的思维。

我想把衣服也"断舍离"掉，清爽一把。然而却发现，
不让自己买喜欢的衣服反而会产生压力，便作罢了。我想，
如果买衣服能让内心充实起来，也不错。

我把电饭锅处理掉了，现在用无印良品的砂锅煮饭。自从开始用砂锅煮饭后，我几乎没有在外面吃过饭，伙食费节省了不少。

亲手做的饭。米饭，味噌汤，纳豆，梅干。纳豆上淋的不是普通的酱油，而是白酱油。我偏爱用蘑菇作为煮味噌汤的原料。

物品繁多时，我从未凝视过阳光。与其说"不看"，说"看不到"也许更合适。物品少了，阳光显得异常明媚，简直就是家里的一幅风景。

我太喜欢衣服了，无法将数量精简到"极简"的程度。不过我一向喜好分明，觉得好看但不常穿的衣服，我也在慢慢地"断舍离"。

ミニマリストな
暮らし方

食材、餐具、厨具，动不动就把厨房堆得满满当当的。由于要料理食材，我们希望厨房能保持干净卫生。但厨房里既要用到水，又要用到油，所以很容易就会变脏。

水槽，炉灶，要操心的地方真不少。

本章中，我们将为大家介绍怎样做好厨房中的收纳，再聊聊做饭那些事。

KITCHEN

第四章

物品少了，
做饭和善后整理
都轻松

tao（@＿＿＿＿＿＿＿＿＿＿tao）1个人，1室1厅带厨房

用满足生活需要的最少量物品过日子，享受自己做饭的乐趣

个人信息

tao@＿＿＿＿＿＿＿＿＿＿tao

Instagram：https://www.instagram.com/＿＿＿＿＿＿＿＿＿＿tao/

独居，现住三重，20 余岁，公司职员。

住所： 1 室 1 厅带厨房，41.5 平方米，出租屋。

"需要"的标准： 相信自己能心甘情愿地一直使用下去，直到它完成使命。

"不需要"的标准： 一旦有所犹豫，就先不买。

"该扔掉"的标准： 是否已经对它付出了足够的爱（好好使用过了）。

（※ 现已搬家，另居别处）

丢弃时，购置时，都要"想一想"

KITCHEN

我虽把生活重心放在了工作上，但仍想完美兼顾工作、人际关系和家务，于是在物质方面和精神方面，都开始努力减少"无用之物"。

精简物品后，心态从容了，待人也宽容了。没有了无意义的行动与交际，没有了浪费，有了更多时间来了解自己。

可话说回来，一味追求理想状态，过度舍弃物品，也是本末倒置。丢弃时，购置时，都要先"想一想"。

清扫工具也一样，我没有细致到给每个地方都配备专门的工具，而是开动脑筋，用有限的工具去消灭污渍。厨房，用小苏打和醋擦拭就足够了。

蜂蜜柠檬腌小鲈鱼。这是我第一次尝试做小鲈鱼。有时，我会突然想做一些补充精力的菜肴。

新鲜蔬菜，只要煮一煮，吃起来就很美味。

白色情人节那天自己做的草莓司康饼。为了让不喜欢甜食的人也能品尝，我还准备了"柠檬版"。（见右图）

装有10种菜色的便当。是做给从我刚进公司起就一直很照顾我的上司的，为了向他表示感谢。饭团的米饭是用海带高汤蒸的。

简易三明治。让我想起了曾在巴黎品尝过的味道。

KITCHEN 不花钱，"好东西" 照样能到手

把从附近超市买来的生菜、火腿、奶酪各取两片，夹在从稍微高档些的店里买来的法式面包里，简单可口的帕尼尼就做好了。

它让我想起了曾经独自在法国埃菲尔铁塔前的广场上吃过的三明治的味道，平凡无奇，却很是美味。

不花钱，"好东西"照样能到手。

虽说费些工夫，我仍旧想将自己动手做饭这件事一直坚持下去，能坚持多久就坚持多久。

自己动手做饭，还能减少开销，也让我开始重新思考钱该怎么花。

KITCHEN 优先顺序依次是 "住、食、衣"

如果让我给"衣、食、住"在生活中的重要程度排序，那就是"①住→②食→③衣"。

睁开眼睛的瞬间，映入眼帘的物品，能让我感受到生活中的美好。空间中摆放的都是自己喜欢的物品，心情也会平静下来。

无印良品的沙发可以完美贴合身体，坐上去有着非比寻常的舒适体验，很合我的心意。入睡困难的我，只要歪在上面就会犯困。这张沙发让我睡了不少好觉。

电视桌没有收纳功能，外观简约利落，不厚重，能让房间显得更加宽敞。

有限的室内家具中，该让谁做主角呢？思考这个问题时，我也乐在其中。

无印良品的沙发能完美贴合身体，我很喜欢。我用 U 字形置物架代替了桌子。

镶嵌在黑色镜框中的海报来自 IFNi ROASTING&CO[1]。每次看到它，我都会想来杯美味的咖啡。

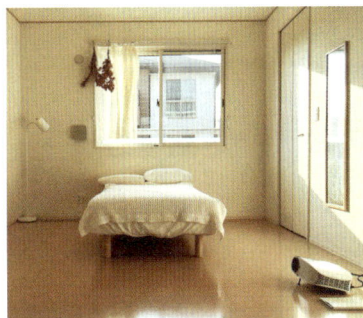

寝具统一成了白色。床是无印良品的。有时，我会用投影仪看场电影，享受一下。

karimoku60[2] 的沙发。房间里的颜色比较单调，绿色也算是个点缀。

1. 日本咖啡店，主营咖啡豆的制作与贩卖。2001 年创立于静冈县。
2. 日本家具品牌，总部位于爱知县。

KITCHEN 将干花装饰在房间各处

我从十分喜爱的花店里买来了花花草草，装饰在了房间各处。它们把家里变成了"会呼吸的空间"。干花保养起来也很轻松。

干花以及一些简洁的装饰物，适合所有装饰风格，单纯摆放在那里，就能给人以雅致的印象。

上班和私下穿的衣服以前是分开的，现在，工作时穿的衣服，休息日里也会穿，因此衣服的数量也变少了。如今，我确确实实只拥有必需的衣物。

用满足生活需要的最少量物品过日子，就算移居别处，也无须添置物品，科学合理。

cyma connect[1] 的 20 英寸折叠自行车。坐上汽车想去哪里就去哪里，对这种"便捷"，我多少感到有些疲惫。考虑到对环境和身体都有好处，我购入了自行车。

悬挂在天花板上的大株干花，黄昏时分点亮灯泡，别有一番意趣。

偶尔在白天点燃蜡烛，感觉也不错。紫阳花的干花原是淡蓝色的，现在则能从它的身上清晰地感受到季节的更迭。

1. 专营自行车的电商网站 cyma 自行设计制造的折叠自行车。

正因为是心爱的厨房，才更要时刻保持整洁

个人信息

camiu.5 @camiu.5

Instagram: https://www.instagram.com/camiu.5/

五口之家（丈夫、妻子、9 岁、8 岁和 6 岁的女儿），现居爱知，30 余岁，主妇。

住所: 3 室 1 厅带厨房，独门独户。

"需要 / 不需要"的标准: 非必要不购买。不去寻找"想要的物品"。"回忆"比"物品"更重要。一旦拥有，物品就容易贬值，因此，比起"物欲"，我更想提升"经验值"。

"该扔掉"的标准: 当下用不到的物品；用起来虽不顺手，但觉得"好不容易才买回来"，姑且留下的物品。无法迅速从凌乱不堪的状态中脱离出来时，就减少物品的"绝对数量"。

复原总是
从厨房开始

KITCHEN

　　大女儿和二女儿只相差 1 岁，有段时间，育儿和家务让我超负荷运转。

　　由于要独自一人带孩子，我想生活得更高效，这也促使我开始精简物品。

　　家中凌乱，压力也会随之增加，因此我经常整理。

　　复原总是从厨房开始。

　　心爱的厨房若是凌乱不堪，不知为何，我心里总会惦记着，也没心思打扫其他地方。厨房整洁清爽，我便心花怒放。

　　不过，无心或无力打扫时我就休息，不去勉强自己。

我中意的餐具。我的观点是：不去寻找自己
所喜欢的，去喜欢上自己正在用的。

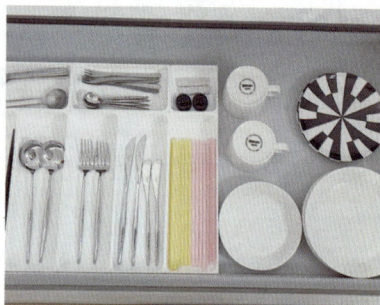

我喜欢空隙、余地和留白。我的目标是物品
只占收纳空间的七八成。

用 oisix 的半成品膳食包——
龙田炸竹筴鱼，轻轻松松就
能做出烤鱼盖饭，再搭配上
海苔拌菜，小孩子也能 20 分
钟就完成。

打造"取用后能复位"的格局

收纳时，我一直很注重"易取好收"，致力于打造一种让每个家庭成员都能做到"取用后能复位"的格局。

物品不多，孩子们自己就能做到让房间整洁如初。

我虽不擅长做饭，却考取了营养师资格证。在像暑假这样的悠长假期里，我会和女儿们一起，享受烹调的乐趣。上学时，女儿们和我都很忙，根本没有一起做饭的闲暇。失去了内心的从容，便无法温柔地守护孩子们了。

厨房的操作台上没有摆放任何物品，孩子们能在宽敞的空间里给我打下手。

花钱，要每月做好预算，做好规划

KITCHEN

有了"简单生活"的意识以后，花钱的方式也发生了变化。

我们把"该花则花，当省则省"牢记在心。每天都要穿的衣服，更新换代的频率提高了。特别是像袜子、内衣等贴身衣物，以及毛巾。以前觉得可惜，会一直用很长时间，可据说把旧衣服穿在身上会影响运势。于是，我们精简了衣服的数量，但与此同时，每半年到一年就更新换代一次。

我们会做好每月的预算来管理家庭开支。为了能实实在在地存下钱，我们特意把预算定得低一些，仔细规划。

固定用于还信用卡的钱，取出来放在手边保管。

记账套装。无印良品的手账、活页夹和护照夹，还有笔。要想真正存下钱，关键就是用少量的预算做好规划。

家里待着舒服，便不会动不动就往外跑了，也是一种节约。

最近，夫妻两人的衣柜越发简约了起来。决定好把钱用在哪里后，每天都要穿的衣服，更新换代的频率提高了。

KITCHEN 用白色或黑色统一色调，清爽干练

我将房间的整体色调统一成了白色。有时也会穿插些黑色，略做点缀。

餐具和衣服也是非黑即白。打开收纳柜的门，里面物品的颜色整齐划一，会倍感清爽。

若打定主意只要黑、白两色，选购物品时也不会犹豫不决。卫生间和浴室的色调也统一成了白色。

我家的收纳一直注重"留出余地"，唯有放置日常用品和非常时期用品（防灾用品）的橱柜，稍稍有些杂乱。

为了防患于未然，类似卫生纸、水和电池一类的物品，我都会多储备一些。我采用的是消耗多少就补充多少的"循环储备法"。

以防万一，我会做好足够的储备。这时，无印良品的收纳箱就派上大用场了。

我会时常储备一些基本的防灾用品。缺水会很麻烦，便多准备了一些水袋。

卫生间我会仔细擦拭干净。从按钮到地板，这一系列流程，用一张纸巾就全搞定了。

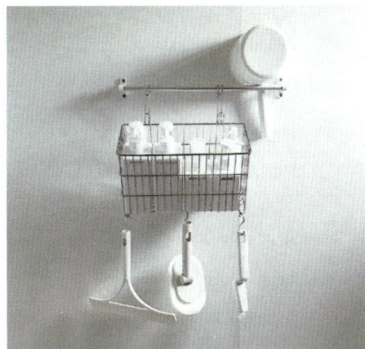

和卫生间一样，浴室也是我想时刻保持整洁的地方。洗完澡后，我会仔细将水擦干。

水槽周围，不一定每天都要整理

个人信息

mana @rgrg＿＿1110

Instagram: https://www.instagram.com/rgrg__1110/

五口之家（丈夫、妻子、5 岁、3 岁和 1 岁的儿子），现居茨城，20 余岁，主妇。

住所： 3 室 1 厅带厨房，65.95 平方米，出租屋。

"需要 / 不需要"的标准： 对现在的我来说是否必要。购物时，将山下英子[1]的这句话牢记于心。

"该扔掉"的标准： 现在用不到的物品，已经毫无留恋之情的物品。

1. "断舍离"理论的创始人。

重要的是便于整理的 "数量"和"格局"

结婚生子后搬进这所公寓时，行李怎么也打包不完。我真真切切地体会到物品究竟多到了何等地步，开始重新审视身边的物品。

标准是：对现在的我来说是否必要。我发现，一直以来，我都拥有着过量的物品。

我用了 4 年时间，不断精简物品，到今天才觉得，终于把物量减到了自己能够掌控的程度。

不过，有的日子里我会整理，有的日子里却不会（上页照片中右下角，要洗的餐具还在架子上放着）。

我认为，重要的不是"时刻保持整洁有序的状态"，而是"拥有便于整理的物量"，以及"打造便于整理的格局"。

"每人一盘"制。我绞尽脑汁想让餐具清洗起来更为省时省力。把饭菜都盛在一个盘子里，孩子不容易弄撒，收拾时也轻松。

用磁铁和挂钩进行"悬挂式收纳"。空间狭窄，才更要把墙面有效利用起来，收纳厨房纸巾及塑料袋等最为必需的物品。

冰箱的使用原则是"不过量购买""充分利用毫不浪费"。遵循"把食材吃完再买"的模式。以前，冰箱被塞得满满当当的，取用食材时很不方便。

考虑到孩子，我把所有的餐具都收纳在了水槽下方，其中大部分都是易碎的餐具。餐具统一成了白色和原木色，一共30件。没有一件是多余的。

不擅长烹饪，就用食材的种类来弥补

KITCHEN

我家有 3 个小男孩，所以在吃上花钱毫不吝惜，不过倒也不是大手大脚。我会买来上等的食材，尽管厨艺不佳，也尽量自己下厨。

由于不擅长烹饪，我便把"豆芝海菜鱼香薯"7 个字记在脑中，提醒自己搭配多种食材。

豆 = 豆子，芝 = 芝麻，海 = 裙带菜等海藻类食物，菜 = 蔬菜，鱼 = 鱼类，香 = 香菇等菌类食物，薯 = 薯类食物。

我将 7 类食材一样不落地放进了食谱里，希望通过营养均衡的饮食生活，收获健康苗壮的身体。

KITCHEN 和 3 个孩子共度的时光 最为宝贵

我把孩子们的安全摆在第一位。

下午 2 点，大儿子回家后，我们会逛逛公园，泡泡图书馆，然后洗澡、吃晚饭。直到睡觉前，要做的事情着实不少。正因如此，才更要有条不紊，从容自如。

和孩子们共度的这段时光，最为宝贵。也只有在这个阶段，我们才能把他们抱在怀里。孩子们转眼就会长大，毕竟这是不争的事实。

我家 3 个孩子都是男孩，距离他们对我说"离我远点"的日子，恐怕也不远了吧……

这样一想，就连对他们感到不耐烦的时光，也变得可贵起来。

你们那无比可爱的声音和表情，妈妈绝对不会忘记哟。

平时总是吵吵闹闹的，可看动画片时，大儿子和二儿子别提多安静了。三儿子则在一旁喝麦茶，或是给两个哥哥捣捣乱。光是看着他们三个，我就觉得心灵得到了治愈。

我家的日常。保持整洁是不可能的。只要有孩子在，绝对会每天都一片狼藉。这也能证明他们玩儿得有多痛快。

丈夫不在家时，我也认真做好能和孩子们避难的准备。随身包里总是装着钱和尿布。水和非常时期用的食品则另外准备。

我把给活泼好动的孩子创造安全的生活环境摆在第一位，将沙发和餐桌处理掉了。

KITCHEN 正因为不擅长收纳，才更要将物品数量维持在最合适的程度

我很不擅长收纳，所以尽量做到从一开始就不持有过多物品。这样一来，既不需要多少收纳用品，又能让房间保持整洁清爽。

在我家，衣物的数量会控制在收纳空间刚好装得下的程度。我甚至觉得，对我来说，上衣下衣，各有5件就足够了。比起买衣服，我更想把钱花在塑身上面（身材好，穿什么都好看）。

也不是说东西少就有多么了不起，最重要的是，自己能够毫无压力地轻松生活。

近来，我深切地体会到，只要明白什么"质"、多少"量"与自己的性格最合拍，也最适应当下的生活环境，日子就不会偏离正轨。

下层白色的衣物整理箱，收纳着一家五口的衣服。整理箱上面的篮子里，放着备用毛巾和孩子们在幼儿园穿的体操服。上层架了一根长长的悬挂杆，挂着五口人的外套。

从去年起，我们开始了一周只花1万日元的生活。伙食费和日用品开销，用1万日元搞定。现在，我们正在挑战2天只花5000日元（一天2500日元）的生活。

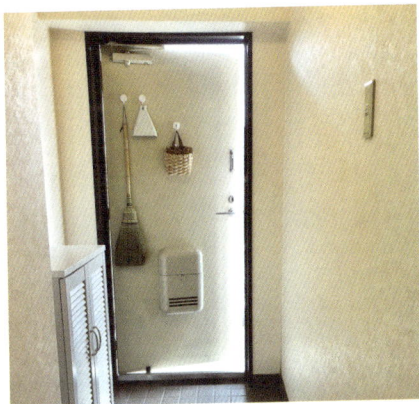

玄关门背后，利用挂钩对清扫用具（笤帚，簸箕）进行收纳。放在要经常用到这些物品的地方附近，一旦需要，立刻就能打扫。

一 家 人 的 极 简 生 活

ミニマリストな
暮らし方

不把钱花在没用的物品身上，而是花在"刀刃"上。不仅是居家布置，在开销方面，极简主义者们同样打理得井井有条。

本章将为大家介绍 4 位擅长合理消费、节省不必要家庭开支的人士。

恰到好处的节约之道，记账的方法，二手用品交易上门取货服务的使用技巧，诸多内容，让你备受启发，读完马上就能"照搬"。

HOUSEHOLD BUDGET

第五章

张弛有度地
消费

よりこ（@yorikko33）2 个人，1 室 1 厅带厨房

优先把钱花在要长时间
使用的物品上

个人信息

よりこ @yorikko33

Instagram: https://www.instagram.com/yorikko33/

Blog: "极简·随笔" https://www.minimum-minimum.com

2 人生活，现住大阪，30 余岁，公司职员。

住所：1 室 1 厅带厨房，16 张榻榻米大小，出租屋。

"需要 / 不需要 / 该扔掉"的标准："轻松无压力"是衡量一切的标准。拥有这件物品不会让自己觉得有压力，就添置。反之，拥有这件物品给自己带来了压力，则果断放手。

工资变少，就用 投资信托来补足

HOUSEHOLD BUDGET

作为正式员工工作的日子，真是我的黑暗时代。"工作做不好""结不了婚""只有我无法获得幸福"，这些苦闷情绪每天在我体内滋长。我想摆脱化身为悲剧女主角的自己，成了极简主义者。

结束了 10 年的正式员工生涯，开始以派遣员工的身份工作后，年收入少了将近一半。

我不想将来为钱发愁，开始购买派遣员工的工资也负担得起的投资信托产品。比起把钱存在利息很低的银行，投资信托获利要高得多。虽说增长缓慢，资产也一点一点多了起来。

我不擅长做饭，因此做的饭都很简单，只需一切、一烤、一煮就能完成。我爱吃水果，每周都会买两种水果。

将每周一次的外出采购"断舍离"掉，改用"Radish Boya"[1] 的送货上门服务。利用琐碎的空闲时间一笔笔下单后，货就送上门了，省时省力。

1. 提供有机蔬菜、低农药蔬菜、无添加食材定期配送服务的网上超市。
2. 三菱 UFJ 国际投信株式会社旗下一款通过 FOF（母基金）的投资方式投资各国股票，reits（房地产信托投资基金），债券等资产的指数基金，以达到分散投资目的。每一种类别的资产占比都只有 12.5%，基准收益是由日本国内股票、发达国家股票、新兴国家股票、日本国内债券、发达国家债券、新兴国家债券、日本国内 reit（房地产投资信托基金）、日本以外国家 reit 的各 12.5% 成分加权平均计算。

我的参考书是家庭理财顾问横山光昭的著作。我选择了 eMAXIS Slim Balance（8 项资产均等型）基金[2]，向投资信托迈出了一步。

我喜欢待在家里的时间，
花在房租上的开销排在首位

　　我家最大的一笔开销，毫无疑问就是房租。虽说是租房度日，花费也着实不低。我喜欢待在家里的时间，把不少钱都花在了"住"上面。

　　排在前列的，还有花在"时间"和"精力"上的开销。需要长时间使用的物品，买了就能节省时间的物品，我都会买单。比如，我优先购入了一张 Armonia[1] 的沙发，不仅坐上去无比舒适，躺在上面也没问题。在家里时，有一大半的时间，我都是在这张沙发上度过的。

　　在伙食费上，我也没有"节约"的概念。我一向认为，健康就是最好的节约，因此会尽量购入高品质的食材。

---

1. 意大利家具品牌，主营沙发，也经营餐桌、椅子、床铺、床垫、坐垫等产品。

花了 2 年时间告别物品，一起"断舍离"掉的，还有固有观念

HOUSEHOLD BUDGET

我做任何事情都要从表面入手，于是下定决心，不管三七二十一，先来精简家中的物品。

然而，由于无法战胜多年来的顽疾——"扔了可惜病"，极简主义化的进程并没有想象中顺利。

即便如此，我仍旧花了 2 年时间，一点点地重新审视物品。现在，物量已经精简到了最合适的程度。

舍弃物品、告别物品时，我的想法由"为什么一直以来都如此执着于物品"变成了"为什么一直以来都被固有观念所束缚"。

因此我想，通过舍弃物品，我也"断舍离"掉了已经僵化的固有观念。

衣服从 250 件缩减到了 30 件。选择的标准是"现有的衣物能够满足 3 种搭配"。由于上班休息日都要穿，3 种搭配交替轮换，就不会穿腻了。

现在，我只选择用香皂洗脸就能完成卸妆的化妆品。化妆品的数量缩减了八成。

用 6 双鞋度过一年。我会给鞋分组，定期确认穿着频率。"断舍离"的备选对象，就分到"待定"组，看情况再做决定。

我虽然希望收纳时能注重表面的整洁美观，可物品如果取用不便，就一定会疏于打扫。因此，类似针织帽等物品，我采用了重视功能的"摆在明处收纳法"。

正因为容易感受到压力，保持心情平静才更重要

我属于对凡事都上心的人，这种性格很容易感受到压力。因此，我把让自己保持心情平静当成头等大事。

把压力彻底清零虽不太可能，但减轻一些还是能做到的。为了尽可能长时间保持心情平静，我准备先搞清楚哪些状况下自己会觉得有压力。

精致生活也好，简单生活也罢，都挺不错，都是我向往的生活。不过对我而言，比这些更重要的，是不让自己感到压力。

我一心想要打造一个恰到好处的空间，虽不能时刻保持一丝不乱，但也说得上整洁有序，使用便捷，温馨沉静。

不知便当该做些什么好时，就在味噌汤里面加颗煮鸡蛋带上，名曰"海坊主"。坚持自己做便当的秘诀就是降低难度。

买了水壶式净水器 Cleansui CP405[1] 以后，就不用再去扔矿泉水瓶了。每3个月更换一回滤芯即可，简单轻松。

每天早上打扫一处地方，提神醒脑，困意全无。用标签把每天要打扫的地方贴在日历上。

精简掉了置物架等收纳用品，炉灶下方反而清爽了不少。我想是因为东西少了的缘故。

1. 三菱化学可菱水株式会社旗下净水器产品。

ピノ子＠くらしにのらり（@kura_nora）3 个人，3 居室带厨房

精简无用物品，消费也能张弛有度

个人信息

ピノ子＠くらしにのらり

@kura_nora

Instagram: https://www.instagram.com/kura_nora/

Blog: "慵懒生活" https://kura-nora.com/

三口之家（丈夫、妻子、1 岁的儿子），现居冲绳，30 余岁，个体经营者。

住所：3 居室带厨房，50 平方米，出租屋。

"需要"的标准： "喜欢、便于管理、耐用"，我很看重这 3 条标准。

"不需要"的标准： 除了喜欢的东西，其他尽可能不要。

"该扔掉"的标准： "1 年都没有用到" "暂时用不到，一旦要用随时能再买"。

在Mercari上赚零花钱，让我开始"断舍离"

HOUSEHOLD BUDGET

从关东搬到冲绳，已经第5年了。

得知把不需要的物品通过二手交易网站卖掉可以赚零花钱以后，我开始意识到要"断舍离"。东西销路不错，我感到很开心。把不需要的物品一件件卖掉后，房间变得清爽利落起来。

这种状态让人倍感惬意，也促使我进一步重新审视了房间里现有的物品，精挑细选，到现在为止，我已经舍弃了200多件物品。

处理不需要的物品时，我常用3种方式——Mercari、二手商店、二手用品交易上门取货服务。

想卖个好价钱，就用Mercari，想省事，就用上门取货服务，视情况而定。

HOUSEHOLD BUDGET 重新评估了一遍固定开销，省下了 40 万日元

在我家，诸如吃饭一类与健康有关的开支（包括医药费等），都尽量不去缩减。与工作有关的物品也是如此，考虑到这笔开支能让工作更为顺利地进行，还有可能影响到今后的收入，便不会强行节省。

反之，孩子的物品则会充分利用义卖会上得来的或别人送的东西，能不花钱就不花钱。

想省就一定能省，而且实实在在省得下钱的，就是固定开销了。我没有因为"太麻烦了，下次再说吧"而拖延，而是率先从这项入手。对话费、房租、车险进行重新评估后，省下了 40 万日元。

节省下的金额（一年）

手机话费	12 万日元
房租	24 万日元
车险	4 万日元
总计	40 万日元

缩减固定开销的好处在于，只需重新做一次评估，此后，钱自然而然就能省下。比起节约伙食费要简单得多，钱也能实实在在地省下来。

记录家庭开支的 App，我用的是 moneyforward。用钱时，结完账立刻就录入。夫妻二人登录后，随时都能查看。坚持记账的秘诀，是不把支出项目列得过于细致。

平日里只用一张信用卡。为了累计积分，我翻来覆去用的都是"乐天卡"。

精简掉没用的物品以后，一家三口的衣服、毛巾、换洗床单等，只要一个壁橱就装得下。

我很珍惜一家三口
一起度过的时光

我们夫妻二人都在家办公，平时会轮番照顾孩子，大概每两小时换一次班。

可这样一来，大部分时间，都只能是夫妻其中一人和孩子一起度过，于是，我们便把晚饭后到睡觉前的时间留了出来，一家三口，共享天伦之乐。这段时间里，孩子也玩儿得更开心、更尽兴。

孩子不玩儿了的玩具、穿不下的衣服，我会立刻通过Mercari卖掉。卖不掉的，就拿到育儿支援中心的义卖市场，尽量不囤积在家里。

照片中为操作室（工作室）。电脑桌是无印良品的折叠桌。电脑椅用便宜货容易腰疼，我们便豁出去买了高级货。

儿童帐篷是宝宝出生时朋友送我的礼物。房间目前的布局并没有儿童房，我想开辟一小片能供孩子玩耍的区域，便拜托朋友在买礼物时选了帐篷。玩具我也尽量选择耐用的。

伴随着孩子的成长，我会时不时地调整房间布局。孩子出生后三四个月时（满地爬的时期），我在客厅设置了"儿童活动区"，从工作室能看到这里的情况。到了晚上，在工作室里铺床被褥，就成了丈夫的卧室。

孩子出生后9个月时（能扶着东西站起来的时期）的房间布局。孩子越来越好动，我便交换了工作室和卧室的位置，把卧室和客厅都变成了"儿童活动区"。物品少了，变更布局时也很轻松。

HOUSEHOLD BUDGET

无印良品的产品，
是我打扫的原动力

"打扫真是太烦人了"，我们总会不由自主地这样想。不过，使用喜欢的工具，可以帮自己鼓起干劲。拿我来说，自从用了我极其喜爱的无印良品的清扫工具后，打扫变得快乐起来，我开始主动进行打扫了。

无印良品的清扫工具不仅使用便捷，还兼具良好的性能，这两点深得我心。

特别是扫把，头部能够根据用途灵活调整，可以变成拖把，也可以安装专门用来擦木地板的拖布，有利于节省空间。

这些我所喜爱的工具，给我带来了打扫的动力。

只要换个头，既能变成扫把，也能变成拖把，还能安装专门用来擦木地板的拖布。节省了用来收纳清扫工具的空间，方便省事。

厨房专用的无纺布清洁巾，有了它就不需要抹布了。它比纸巾结实，能够反复使用，比毛巾速干，非常好用。

这只桶用来浸泡孩子们的衣服和漂白餐具。带盖子，大约 600 日元，很便宜。有了它能方便不少。它款式简洁，我很喜欢。

能够卷走灰尘的迷你轻便拖把。落在电视屏幕和电视柜上的灰尘，用它一下子就能"席卷一空"。

活用二手商品，不和别人攀比，从容自在地生活

个人信息

森秋子

Blog： "想成为极简主义者的秋子的博客" https://ameblo.jp/otta3/

三口之家（丈夫、妻子、上小学的儿子），2 只猫，1 只乌龟，现居东京，30 余岁，主妇。

住所： 1 室 1 厅带厨房，约 50 平方米，按户出售的公寓。

"需要"的标准： 不拘泥于"应该拥有的物品"，而是选择"我们所必需的物品"。

"不需要"的标准： 落满灰尘的杂物，会演变成杂物箱的收纳用品。

"该扔掉"的标准： 让自由心灵受到了束缚、增加家务负担、拥有它只是为了满足虚荣心。

HOUSEHOLD BUDGET 我买得最划算的物品，就是房子

以前，我为工作、育儿和家务忙得团团转，被压得喘不过气，物品和压力都是只增不减。

某天，孩子说了句"妈妈很重要"。这句话让我开始重新审视生活，决定珍惜金钱，以及自己的时间。

我没有投资，没有攒会员卡积分，也没有节俭度日。做的唯一一件事，就是尽量购买二手商品。

买得最划算的就是这间公寓了。刚建好时，这间公寓售价约为 5500 万日元。25 岁时，我花大约 1400 万日元买下了它，并在 29 岁时还清了贷款。我精简了家电和家具，如今每月支付 3 万日元的物业费，在这里生活。

一想到别人不需要的物品，在我手里得以
又一次被充分利用，心情就无比舒畅。比
起我搜罗来的二手美衣，购买全新的睡衣、
袜子和内衣，花费要高昂得多。

沙发也是二手的。我买了 3 张单人沙发，
确保每人都有属于自己的地盘。

自己特别喜欢的一些物品，以前觉得没地
方摆放，只好忍痛割爱。坚持清理存货以后，
也有空间来摆放这些物品了。这架二手钢
琴就是其中的代表。

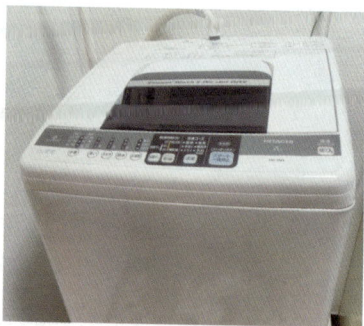

不带纸箱，也没有说明书，这台 7kg 的洗
衣机只身来到了我家。它也是在二手店里
买的。配送费加上处理上一台洗衣机的费
用，总共花了大约 3.3 万日元。

用"虚拟爆买"排解消费欲

我家的许多物品都是二手商品，比如洗衣机、沙发、汽车、衣服、餐具等等。

一直有人劝我说，不理财的话，将来的日子会不好过，会蒙受损失。我决定，有能保本的项目时再投资，现在仍是一直存定期。

不心浮气躁地想着赚钱，而是使用二手商品悠闲自在地生活。仅仅改变了一下生活方式而已，必要的支出减少了，也不用那么辛苦了，纸箱和过度包装所产生的垃圾也变少了。

想购物时，就进行一番"虚拟爆买"（在网上随心所欲地把自己想要的东西加入购物车，浏览一遍，然后不结算），以此来满足消费欲。

家中"空空如也"，反而能邂逅越来越多的美好事物

我丢弃物品有三条标准——"让自由心灵受到了束缚""增加家务负担""拥有它只是为了满足虚荣心"。

我明明没什么常性，但在成为极简主义者这件事上却意外地坚持了很久。究其原因，就在于"空空如也"的家让我邂逅了诸多好物，它们毫不起眼但沉静美好，给我带来了帮助，让我生出了勇气、燃起了希望。

每每遇到这样的物件，我都会将"房间再大些就好了""这样的东西再多些就好了"这类先入为主的价值观抛在脑后，生出反其道而行之的勇气，觉得"房间应该再小一些""东西应该再少一些"。

正因为想要的东西还有很多，我才能在极简主义者这条路上走得更久更远。

我没用洗碗绵，用的是市面上卖的手编刷帚。不用洗洁精以后，手部也不再干燥皲裂了。厨房也没有沥水篮。

我家只有3件厨具。果断精简厨具后，我开始自己动手做饭，要整理的东西少了，家务负担也减轻了。

被各种信息轰炸而感到疲惫的时候，我会到附近散步。倾听鸟鸣，遥望黄昏时变幻多彩的天空，还头脑和内心一片清明澄澈。

孩子的房间里
没有书桌

孩子升入小学一年级时，我们没有给他买书桌。

入学前我跟他讲，作业还是要做的，遇到不会的问题我会帮助他。

我和孩子商量过作业要在哪里做。我说，有的小朋友会在自己的房间摆张书桌，有的小朋友会在餐厅做作业。

孩子问我："妈妈当时在哪里做的呢？"我告诉他，我当时虽然有书桌，不过一个人待着太孤单了，我妈在厨房做饭时，我就在旁边的房间里学习。

孩子最终选择的是餐桌。

如今，他已经六年级了，房间里依旧没有书桌。

用帐篷营造野营的氛围。不过是在头顶罩了块薄薄的布而已，空间一下子变得特别起来，待在里面就会觉得比往常安心，真是不可思议。

餐桌就是孩子的书桌。这张餐桌也是二手的。孩子在这里做完作业后，就会一头扎到床上。

孩子的房间里只有一张小型双人床床垫。有时，我们会在这里支起帐篷玩耍。

kei（@minmaro_0107）3 个人，3 室 1 厅带厨房

若不想花钱，最好的办法
就是待在家里

个人信息

kei @minmaro_0107

Instagram: https://www.instagram.com/minmaro_0107/

三口之家（丈夫、妻子、18 岁的儿子），2 条狗，现居神奈川，40 余岁，主妇。

住所: 3 室 1 厅带厨房，101 平方米，独门独户。

"需要 / 不需要"的标准: "用得到，还是用不到""必需，还是非必需"。

"该丢掉"的标准: 舍弃物品时，问问自己"它是否不可或缺"。如果不能立刻说出答案，说明少了它也没关系，那就尽量放手。

精简物品之后，我喜欢上了打扫

以前，我常常外出，少有待在家里的时间。我一直觉得，自己属于"不喜欢老实待着的好动型"人格。

然而，住进现在的房子以后，我接触到了山下英子和缓莉舞[1]的书，开始沉迷于"断舍离"。清理完无用的物品，打扫变得轻松起来，曾经讨厌打扫的我，也喜欢上了打扫。

以前听到朋友说"若不想花钱，最好的办法就是待在家里"，我还在想，这我可做不到。可当家里变得越来越整洁，我爱上了我的家，不禁觉得，朋友说得真没错。

1.缓莉舞，日本亚马逊畅销漫画书作家，"减法生活"倡导者。

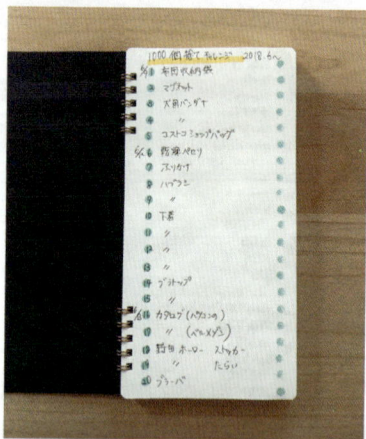

去年年底，我实施了"一个月扔掉100件物品"的计划，并顺利完成。在那之后，我一直坚持"一日一舍"，现在正向"扔掉1000件物品"发起挑战。把想要解决的问题、发起的挑战、达成的目标写下来，让自己看得见，能激发出干劲。

我家用来记录家庭开支的套装。钱包、账本、笔记本、计算器、笔。每个月，我都会对上月的开销进行整理，再对本月的生活费进行分配。

左上方的袋子里，装的是一周的预算，一共5周。下方的袋子里是宠物的开销，以及零花钱。分配好生活费，有意识地打造"每天花2000日元"的生活。

账本好比
体重秤

HOUSEHOLD BUDGET

　　曾经，在记账这件事上，我屡尝败绩。1 年前，开始采用"预算分装"的办法后，我便借机不再记账了。不用记账后虽轻松了不少，但总感觉少了点什么……

　　有一天，我明白了过来。记账和量体重是一个道理。看不见数字，就会产生侥幸心理。记下来，才能知道"这周钱花得太多了，下周要注意"，从而进行回顾与反思，思考对策，付诸行动。

　　如果说，体重秤是健康的晴雨表，那么账本就是财富的晴雨表。

　　这次开始记账，我最大的目的不过就是掌握钱的流向，没打算每天都非记不可，也不会为"有一块钱对不上账"而纠结。

购入扫地机器人时，要认真考虑

家务活里，我最喜欢打扫和整理，拥有的清扫工具也着实不少。我们全家都容易过敏，所以我打扫得很勤快。

读过胜间和代所著的《超合逻辑家务法》（Achievement 出版社）后我才明白，把家务交给使用便捷的家电来做也未尝不可。于是，我家也试着用起了 Roomba[1] 和 Braava（拖地机器人）。

Roomba 直到现在还在大显身手，可 Braava 却只用过大约 3 次。理由有三点：运转时狗狗会叫，不适用于原木地板，清扫时无法绕开地毯。

请大家认真考虑好之后再购买扫地机器人，免得像我家似的，买回来才知道不合适。

---

1. iRobot 公司出品的扫地机器人，Roomba 和 Braava 为两个不同的产品系列。

看到那些过着精致生活的人上传的视频，就会产生"啊，我也好想每天都过得和他们一样精致"的想法，打扫的动力也会变得更强。

把椅子架在桌上，启动 Roomba。无须任何操作即可完成清扫，太幸福了！

我一直在寻找像 Redecker[1] 厨房刷一样的带柄刷，终于在 DAISO[2] 找到了理想中的毛刷！正所谓"功夫不负有心人"。

1. 1935 年创立于德国的生活用品品牌，中文常用译名为"瑞蒂柯"。
2. 日本连锁型百元店，中文常用译名为"大创"。

不持有过多物品，
就用不着收纳术

在家里进行收纳时，像拼拼图一样将物品摆放得严丝合缝、整整齐齐。在此基础上，再利用整理盒，进一步对物品进行细致的分类。在书里看到上述收纳方法以后，我突然想到一个问题：这样收纳，乍看之下，很是整洁清爽，可物品的数量，实际却相当可观。

坚持了8年的"断舍离"，我明白了一件事情：我理想中的收纳，是打开橱门后，物品之间留有一定空隙，什么东西放在哪里，一目了然。

拥有的物品比自己想象中还要少也完全没问题。物品少了，就不需要什么收纳术了。

用买来的无印良品半型整理箱细致地给物品分类。分好类后，取用起来方便多了。

炉灶下方的收纳。先在底部铺上 NITORI 的抗菌防滑布，再把收纳盒摆在上面。这种布不打滑，可洗涤，我强烈推荐！

一年四季，我都只用一套寝具。选用全年都适用的寝具，换季时不用找地方收纳，也不用买新的。

盛放酱油、味淋、料酒的瓶子形状相同，为了便于区分，我用马克笔在瓶盖上分别写上了"味"和"酒"。

ミニマリストな
暮らし方

想要过上舒适自在的生活，就免不了要"打扫"和"洗涤"。我们都想用最少的时间和精力来完成这两项工作。

纵观极简主义者们的生活，能够发现一个共同点，那就是他们所拥有的物品都大同小异。从工具选择上也能看出他们"拒绝勉强，不要压力"的思维方式。

第六章

极简主义者们
推荐的清扫工具
和洗涤用品

立式吸尘器

家中若想保持整洁美观，清扫工具必不可少。
轻便，无线，打扫时轻松顺畅，收纳时节省空间。
拥有这些特点的立式吸尘器，
在极简主义者当中，似乎颇具人气。

CLEANING
以前很讨厌用吸尘器打扫，
如今却成了最爱做的家务

曾经，用吸尘器打扫是我最讨厌的家务。机器很重，拿着它上楼十分不便，插电源、拔电源也麻烦得很。每次用它打扫，我都倍感压力。换成 MAKITA[1] 的充电式吸尘器后，既轻便，还没有电线，拿着它爬楼或是去别的什么地方，都轻而易举。面对打扫时，我的心理负担一下子轻了不少。用吸尘器打扫变成了我最爱做的家务。

おふみ

1. 日本牧田(MAKITA)株式会社,生产专业电动工具的制造商。总部位于日本爱知县安城市,创业于 1915 年,主营业务包括电动工具、木工机械、气动工具、家用及园艺用机器等的制造和销售。

正因为每天都用，才更要选择适合自己的物品

ピノ子@くらしにのらり

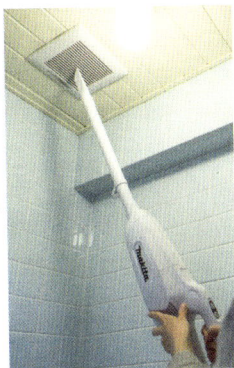

我虽是无印良品的拥趸，却选择了MAKITA的无线吸尘器。轻便，充电迅速（仅需 20 分钟），价格合适（购入时售价为 15000 日元）。没有了电线，打扫时感觉截然不同，别提多轻松了！简直就是集簸箕（无线、轻便）和吸尘器（强力吸尘）的优点于一身，如同"电动簸箕"一般。想用它来清洁安装在天花板上的换气扇时，轻轻松松就能举起来。

CLEANING

将清扫工具精简到满足需要的最小限度，让打扫变得轻松

不在地板上放置物品，就能轻而易举地完成打扫。因此，玄关、厨房、盥洗室，我都没有铺地垫。地板是木地板，清扫时用 MAKITA 的吸尘器，擦洗时则用无纺布或一次性湿巾。打扫原本是一件让我十分头疼的事，然而，把难以清洗的拖把等物品统统"断舍离"掉，将清扫工具精简到满足需要的最小限度以后，我喜欢上了打扫。

yk.apari

CLEANING

喷水式拖把，安装一只 500ml 的塑料瓶就能喷水

うた

我很喜欢在 CAINZ[1] 买的喷水式拖把。定期更换塑料瓶，就能保证干净卫生。擦地时，我会缠上一条旧毛巾，用完就扔。拆下塑料瓶，缠上市面上卖的保洁布，还能用它清扫天花板和墙壁。我特意不在地板上放置任何物品，并在打扫之前先完成整理，整理、打扫，一气呵成。

1. 日本连锁型家居购物中心，中文常用译名为"家迎知"。

CLEANING

家人起床前，完成每天 10 分钟的"晨起擦地"

kei

清晨第一件事，就是用木地板专用的拖把擦地。之所以最先做这件事，原因在于飘浮在空气中的灰尘，在我们晚上睡觉时会飘落到地板上。等它们全都安全降落之后，这时擦地，效果是最好的。每天坚持"晨起擦地"，一周只需用吸尘器和抹布清扫一次地面，应该就足够了。

洗衣机

生活中不可或缺的家电之一 ——洗衣机。
有直筒型和滚筒型两种，一般认为，如果看重价位和洗净度，
就选择直筒型；如果看重节水和烘干功能，则选择滚筒型。
极简主义者当中，
貌似不少人都把洗衣机换成了带烘干功能的滚筒式洗衣机。

CLEANING

最小巧的洗烘一体机，4 张半榻榻米大的房间也放得下

ミニマリストしぶ

照片中为滚筒式洗烘一体机中体形最为小巧的 Cuble[1]。仅有 4 张半榻榻米大的房间里也放得下，款式百搭，低温烘干能够防止衣服缩水。它的长处一时半会儿是说不完的。设置成水温 60 摄氏度的"温水洗涤"模式，不用加洗衣液，就能把衣服上的皮脂洗得一干二净。顺便提一句，我买这台洗衣机花了 14 万日元。乍听起来价格高昂，但一想到它能让晾衣服和收衣服的时间几乎缩减为零，我可以用省出来的时间做自己想做的事情，就不觉得奢侈了。

1. 松下旗下洗衣机系列产品，中文译名为"御铂"。

CLEANING

不用晾衣服、收衣服、叠衣服以后，居然如此轻松！

洗衣机每周用 3~4 回。只是不用晾衣服、收衣服和叠衣服了而已，居然能感到如此轻松，让我惊叹不已。最近洗衣服，我用的是 Baby Magchan（照片右下角的网状物），它以纯度为 99.5% 的镁为原材料制成，具有极强的清洁能力，异味分解率是洗衣液的 10 倍。觉得不够时，就再加一点点"绿魔女"[1]。这两种清洗剂都能把洗衣机槽和排水管的污渍祛除得干干净净。

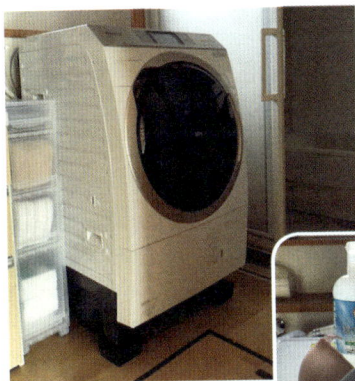

kei

1. 日本 MIMASU CLEANCARE 公司旗下品牌，主营各类清洗剂及化妆品。

CLEANING 买得最成功的物品

洗好衣服后拿到外面晾干，每天都不得不重复这些事情，让我感到十分痛苦。洗衣服不再受天气左右，不用费时费力地晾衣服、收衣服，是我在生活中完成的一场革命。每当天气不好时，看到那些哀叹着"唉，我还晾着衣服呢"的人，我都能深刻地体会到，拥有滚筒式洗烘一体机的生活有多么可贵。

兼子寿弘

CLEANING 不用再为天气提心吊胆以后，我体会到了洗衣服的快乐

我住在雪国，天气对洗衣服这件事有着极大的影响。托洗烘一体机的福，我的生活质量得到了巨大的改善。上班前将脱下来的睡衣扔进洗衣机，下班回来，衣服已经干了。随时都能穿上干净的衣服，这感觉太美妙了，生活幸福指数直线上升。

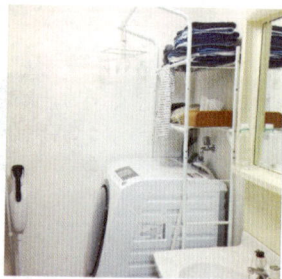

おふみ

洗衣机周围统一成白色，整洁清爽

洗衣篮是 NITORI 的，能刚好收进洗衣机里，无须占用其他空间，很合我意。它也可以直接拿到外面使用，用起来非常顺手。

这里颜色纯净，只有白色和银色，我很喜欢家里的这片小天地。

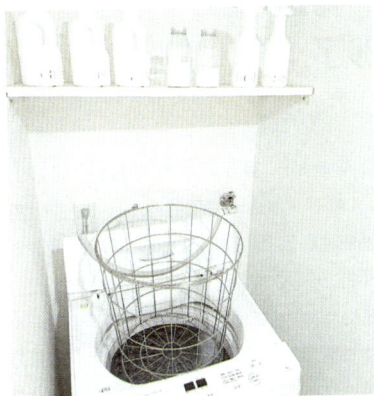

maru*

对付油污和水垢的方法

在厨房，免不了要清除油污、水垢、香皂渣，
以及用手触碰物品后留下的污渍。对付这些，
用 UTAMARO 清洁喷雾以及氧化性漂白剂 Oxi Clean[1]，
能取得不错的效果。
极简主义者当中也有不少人是这两种洗涤剂的拥趸。

CLEANING

清洗剂，有这
一瓶就够了

みそぎ

我明明每天都会用水擦洗地板，可喷上
UTAMARO 清洁喷雾后再擦，发现炉灶前
面的地板仍旧脏得可以。这一事实让我深受
冲击，于是决定用它把整所房子都清扫一遍。
不必用力擦拭就能把污渍清理得干干净净，
中性浓度不伤手，任何地方都适用，简直万
能。UTAMARO 清洁喷雾的威力，我算是"领
教"了。

---

1. Graphico 株式会社旗下产品，该公司主要从事健康食品、日用百货、化妆品和医药用品
的制作与销售。

CLEANING

洗衣皂
立式摆放

maru*

对衣物进行局部清洗时，我用的是 UTAMARO 洗衣皂。由于块头太大，若按原有的大小整块使用，用起来不顺手，再加上整块浸湿容易融化，我便把它装进了盒子里。白色的皂盒是在 DAISO 买的，原该用来装专门洗领口和袖口时用的肥皂，在我家，则被我用来装 UTAMARO 洗衣皂。将洗衣皂三等分以后，装进去正合适！从立式皂盒的底部一推，洗衣皂就露出头来，用多少露多少，无须直接接触，就能涂到衣服上。

CLEANING

一瓶 Oxi Clean，就能让
整所房子干净整洁

ビノ子@くらしにのらり

氧化性多用漂白剂 Oxi Clean，汗渍、发黄、泥污、水垢，统统搞得定。在我家，它用来漂白餐具。把餐具浸泡在 40~60 摄氏度的温水中，加入 Oxi Clean，静置 20 分钟以上，再用水冲洗，顽固污渍就会消失得无影无踪，餐具光洁如新！如果有很多种清洗剂，还需要相应的空间来收纳，因此，我希望只用这一瓶就能解决所有问题。

CLEANING 在水槽里蓄满水，用 Oxi Clean 浸泡

把排水口处的滤网装进塑料袋，绑好袋口，再塞回原处，这样，水就能存在水槽里，不会流走了。
在蓄满水的水槽里加入 Oxi Clean，浸泡 1 小时。无论是水槽、沾有茶渍的杯子，还是水壶，抑或是咖啡机的零件，都能光洁如新。

camiu.5

CLEANING
为大家介绍我家
清洁换气扇的步骤

我家清洁换气扇的步骤如下：①先用 UTAMARO
清洁喷雾整体擦拭一遍。②再用 pasteuriser 擦
一遍收尾。③更换滤纸。用磁铁从下方将滤纸固
定住，对折后，再装上滤网。
清洁频率大约为 1 周 1 次。

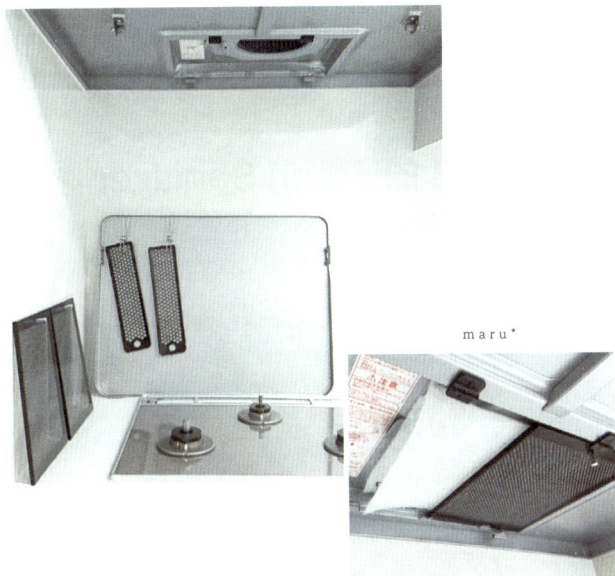

maru*

酒精杀菌

类似 pasteuriser77、JM 等时下流行的杀菌产品，种类繁多。
极简主义者当中，对它们青睐有加的人也不在少数。
做饭前用来给手杀菌自不必提，除此之外，可以喷在案板、菜刀
和餐具上，还能用来清洁冰箱和微波炉。

※pasteuriser77，是由日本一家名为 Dover 的酒业公司生产的
一款酒精消毒制剂。原料是可食用的水和乙醇，安全性有保障。
产品名称中的 77，指的是酒精浓度为 77%。

※JM（James Martin），是诞生于重视清洁卫生的食品生产线
上的品牌。保护我们的生活免受病毒和细菌的威胁。
酒精浓度为 65%。

CLEANING

JM 的 Fresh Sanitizer[1]，
包装时尚

包装瓶设计精巧，原封不动地摆在外面，就是一件装饰品。用于清洁沙发、
窗帘和孩子的毛绒玩具时，没有刺鼻的香味，用完也不觉得黏糊糊的，异
味被消除得十分彻底。
这款产品在杀菌、除臭、防霉方面都有出色表现，据说也深受餐厅和酒店
的青睐。（下页左上图）

1. JM 品牌的一款消毒剂名。

CLEANING 矮桌或镜子上有显眼 污渍时，就擦掉

擦拭物品时，我用的是 pasteuriser。NITORI 的矮桌，洗脸台的镜子，房间里的立式穿衣镜，我都用它来擦拭。酒精成分易挥发，不会像用水擦拭完后那样留下擦痕。今田耕司[1]也推荐过，所以很有名气。（右下图）

maru*

兼子寿弘

1. 日本演员、主持人。

CLEANING
水槽周围时刻保持清洁

hana

UTAMARO 酒精喷雾和 pasteuriser，是让厨房每天都能整洁如新的必需品。先用 UTAMARO 酒精喷雾整体擦拭一遍后，再用 pasteuriser 仔细擦拭，厨房的"复原"工作就完成了。能够优哉游哉地做家务，真是太幸福了。

CLEANING
进行冰箱清洁前，先把冰箱清空

清洁冰箱时，把里面的物品全部拿出来，先用水宝贝清洁剂[1]擦拭一遍，再用 JM 擦拭。将物品放回冰箱时，再次检查一下里面有没有长时间没用过的东西。厨房整洁，站在里面心情舒畅，打扫厨房时，自己也就更有干劲。

camiu.5

1. 一款多功能电解水，成分为碱性电解水。

CLEANING

用棉签让边边角角
都干干净净

打扫盥洗室时，我也会使用酒精喷雾。镜子、洗脸台、柜门、抽屉，都会用它来清洁。喷在棉签上，一鼓作气地从头到尾擦拭一遍，连边边角角都能擦得干干净净，顺带也完成了消毒。

camiu.5

MINIMALIST NA KURASHIKATA edited by Subarusya Henshubu
Copyright ©Subarusya 2019
All rights reserved.
Original Japanese edition published by Subarusya Corporation.

This Simplified Chinese language edition published by arrangement with
Subarusya Corporation, Tokyo in care of Tuttle-Mori Agency, Inc., Tokyo
through Pace Agency Ltd., Jiang Su Province.

著作权合同登记号：图字 18-2021-164

图书在版编目（CIP）数据

　一家人的极简生活 / 日本素晴社编辑部编著；张璐
译. -- 长沙：湖南文艺出版社，2021.11
　ISBN 978-7-5726-0390-7

　Ⅰ.①一… Ⅱ.①日… ②张… Ⅲ.①生活方式—通
俗读物 Ⅳ.①C913.3-49

中国版本图书馆CIP数据核字（2021）第199369号

上架建议：生活

YIJIAREN DE JIJIAN SHENGHUO
一家人的极简生活

编 著 者：日本素晴社编辑部
译　　者：张　璐
出 版 人：曾赛丰
责任编辑：匡杨乐
监　　制：邢越超
策划编辑：李齐章
特约编辑：尹　晶
版权支持：金　哲
营销支持：又刀刀　周　茜
整体装帧：利　锐
出　　版：湖南文艺出版社
　　　　　（长沙市雨花区东二环一段 508 号　邮编：410014）
网　　址：www.hnwy.net
印　　刷：天津市豪迈印务有限公司
经　　销：新华书店
开　　本：880mm×1270mm　1/32
字　　数：187 千字
印　　张：7
版　　次：2021 年 11 月第 1 版
印　　次：2021 年 11 月第 1 次印刷
书　　号：ISBN 978-7-5726-0390-7
定　　价：49.80 元

若有质量问题，请致电质量监督电话：010-59096394
团购电话：010-59320018